Impfungen in Apotheken

Ralf Oehlmann

Impfungen in Apotheken

Erfolgsfaktoren und Risiken für die Etablierung im deutschen Gesundheitssystem – eine empirische Analyse von Apothekern, Ärzten und Krankenkassen

Springer Gabler

Ralf Oehlmann
Die Insel am Westring
Wildeshausen, Germany

Diese Publikation basiert auf der Dissertation des Autors im Fach Public Health mit dem Titel „Bestimmung von Erfolgsdeterminanten und Risiken für die Etablierung von Impfungen in Apotheken aus Sicht der Leistungsträger in Deutschland", angenommen an der St. Elisabeth Universität in Bratislava im Jahr 2025.

ISBN 978-3-658-52228-5 ISBN 978-3-658-52229-2 (eBook)
https://doi.org/10.1007/978-3-658-52229-2

Die Deutsche Nationalbibliothek verzeichnet diese Publikation in der Deutschen Nationalbibliografie; detaillierte bibliografische Daten sind im Internet über https://portal.dnb.de abrufbar.

Planung/Lektorat: Elisabeth Horz
Springer Gabler ist ein Imprint der eingetragenen Gesellschaft Springer Fachmedien Wiesbaden GmbH und ist ein Teil von Springer Nature.
Die Anschrift der Gesellschaft ist: Abraham-Lincoln-Str. 46, 65189 Wiesbaden, Germany

Vorwort

Zwischen dem Anspruch moderner Präventionsmedizin und ihrer praktischen Durchdringung liegt oft eine folgenreiche Diskrepanz. Obwohl die Weltgesundheitsorganisation seit Jahrzehnten evidenzbasierte Zielwerte formuliert, bleiben die Influenzaimpfquoten in Deutschland hinter diesen zurück – ein Befund, der weniger auf mangelndes Wissen als auf strukturelle Trägheiten, institutionelle Grenzziehungen und ungenutzte Versorgungspotenziale verweist. In dieser Spannung entfaltet sich eine zentrale Fragestellung der vorliegenden Arbeit: Wie lässt sich Prävention neu organisieren, um ihre Reichweite substanziell zu erhöhen?

Die Untersuchung richtet den Blick auf eine Institution, die im Alltag nahezu aller präsent ist und zugleich an der Schwelle zu einer erweiterten gesundheitlichen Rolle steht: die öffentliche Apotheke. Ihre mögliche Einbindung als zusätzlicher Impfstandort markiert nicht nur eine funktionale Erweiterung, sondern einen paradigmatischen Perspektivwechsel innerhalb des Versorgungssystems. Prävention wurde damit aus den etablierten, teils schwer zugänglichen Strukturen herausgelöst und in einen Raum überführt, der durch Niedrigschwelligkeit, Kontinuität und Patientenvertrauen geprägt ist.

Auf der Grundlage einer systematischen quantitativen Erhebung versammelt diese Arbeit die Perspektiven dreier zentraler Akteursgruppen – Apotheker, Ärzte und Vertreter der gesetzlichen Krankenkassen – und macht deren Erwartungshorizonte, Vorbehalte und implizite Interessenslagen analytisch zugänglich. Die Ergebnisse zeichnen ein differenziertes Bild: Eine potenzielle Steigerung der Impfquoten wird mehrheitlich als plausibel erachtet, zugleich jedoch von professionsspezifischen Zweifeln überlagert. Insbesondere die ärztliche Perspektive verweist auf Fragen der Kompetenzzuschreibung und Risikoverantwortung, während ökonomische Rahmenbedingungen die praktische Umsetzbarkeit auf Seiten der Apotheken begrenzen.

Gerade in diesen Spannungsfeldern liegt die eigentliche Erkenntniskraft dieser Arbeit. Sie zeigt, dass die Integration von Impfleistungen in Apotheken nicht primär eine technische oder logistische Herausforderung darstellt, sondern ein Aushandlungsprozess an der Schnittstelle von Professionen, Interessen und institutionellen Ordnungen ist. Prävention erscheint hier nicht als isolierte Maßnahme, sondern als soziales Gefüge, dessen Erfolg von Vertrauen, klar definierten Rahmenbedingungen und tragfähigen Anreizstrukturen abhängt.

Dieses Buch, das auf einer Dissertation im Fach Public Health basiert, versteht sich somit nicht nur als Beitrag zur „Bestimmung von Erfolgsdeterminanten und Risiken für die Etablierung von Impfungen in Apotheken aus Sicht der Leistungsträger in Deutschland" (Originaltitel der Dissertationsschrift an der St. Elisabeth Universität Bratislava aus dem Jahr 2025), sondern als Einladung, die Architektur präventiver Versorgung grundlegend neu zu denken. Darüber hinaus erhebt es den Anspruch, einen Überblick zu bieten zu Erfahrungen mit Apothekenimpfungen in anderen Ländern.

In einer Zeit, in der die Leistungsfähigkeit von Gesundheitssystemen zunehmend an ihrer präventiven Wirksamkeit gemessen wird, weist die vorliegende Arbeit über ihren konkreten Untersuchungsgegenstand hinaus – hin zu der Frage, wie Innovationen nicht nur konzipiert, sondern auch nachhaltig in komplexe Versorgungssysteme integriert werden können.

Besonderer Dank gilt den Professoren Vladimír Krčméry und Attila Czirfusz, die mich nicht nur bei dieser, sondern bei zahlreichen weiteren Publikationen begleitet haben. Ein Verzeichnis jener drei, die für das Thema Impfungen in Apotheken relevant sind, befindet sich im Anhang dieses Buches, der als elektronisches Zusatzmaterial einsehbar ist.

Wildeshausen
im Frühjahr 2026

Dr. Ralf Oehlmann

Interessenkonflikt Der/die Autor*in hat keine relevanten Interessenskonflikte im Zusammenhang mit dieser Publikation.

Inhaltsverzeichnis

Abkürzungsverzeichnis

ABDA	Bundesvereinigung Deutscher Apothekerverbände e. V.
AMK	Arzneimittelkommission der Deutschen Apotheker
BKK	Bundesamt für Bevölkerungsschutz
BzgA	Bundeszentrale für gesundheitliche Aufklärung
DKG	Deutsche Krankenhausgesellschaft e. V.
GB-A	Gemeinsamer Bundesausschuss
GKV	Gesetzliche Krankenversicherung
KBV	Kassenärztliche Bundesvereinigung
KZBV	Kassenzahnärztliche Bundesvereinigung
ÖGD	Öffentlicher Gesundheitsdienst
PEI	Paul-Ehrlich-Institut
RKI	Robert Koch-Institut
STIKO	ständige Impfkommission
WHO	Weltgesundheitsorganisation

Abbildungsverzeichnis

Tabellenverzeichnis

1 Einleitung

Die Weltgesundheitsorganisation (WHO) beschreibt den Einsatz von Impfungen als eine weltweite Erfolgsgeschichte in der Medizin, die jedes Jahr Millionen Menschenleben weltweit retten. Tatsächlich wird geschätzt, dass durch Impfungen jährlich zwischen 2 und 3 Millionen Menschen weniger an gefährlichen Infektionskrankheiten sterben. Gegen über 20 solcher Erkrankungen wurden bisher Impfstoffe entwickelt, die heute nicht nur zur medizinischen Grundversorgung gehören, sondern dessen Zugang von der WHO als unbestreitbares Menschenrecht verstanden wird (WHO, 2022).

In diesem Zusammenhang spielen Apotheken eine entscheidende Rolle, da sie als direkte Schnittstelle zwischen medizinischer Versorgung und der breiten Bevölkerung fungieren. Durch ihre flächendeckende Präsenz und Expertise tragen Apotheken maßgeblich zur Verbreitung von Impfungen und zur Aufklärung darüber bei. Doch kann diese Rolle noch weiter ausgestaltet werden, damit Apotheken einen noch effektiveren Beitrag zur Impfversorgung leisten können? Das Ziel dieses Forschungsprojekts ist es, den Beginn der Grippeimpfungen in Apotheken in Deutschland als mögliche Regelleistung (freiwilliges Angebot) zu begleiten und zu analysieren, sodass sowohl Erfolgsdeterminanten als auch Risikofaktoren klar herausgearbeitet werden können.

Um Infektionserkrankungen kontrollieren zu können, muss die Bevölkerung möglichst flächendeckend mit ausreichend Impfstoffen versorgt werden. Doch sind es leider immer wieder Impflücken, die dazu führen, dass vermeidbare Krankheitsausbrüche auftreten und Menschen in Mitleidenschaft ziehen, die eigentlich hätten geschützt werden können. In den ärmsten Ländern der Welt sind es Armut, Konflikte oder ein mangelhaftes Gesundheitssystem, die dafür sorgen, dass Impfkampagnen lokal immer wieder an ihre Grenzen stoßen (Charbonneau,

R. Oehlmann, *Impfungen in Apotheken*,
https://doi.org/10.1007/978-3-658-52229-2_1

2021). In den Industriestaaten hingegen entstehen Impflücken vornehmlich durch Menschen, die sich nicht impfen lassen wollen. Im Jahr 2014 führte die WHO die erste systematische internationale Untersuchung durch, um das Problem der Impfverweigerung bestmöglich zu beleuchten. Sie definiert Impfverweigerung als verzögerte Akzeptanz oder Ablehnung von Impfstoffen, trotz Verfügbarkeit. Dabei seien auf psychologischer Ebene 3 Faktoren verantwortlich, die zu einem verzögerten Impfverhalten führen (3-C-Modell) (SAGE Working Group, 2014, S. 12):

1) Selbstgefälligkeit (complacency)
   Die Krankheit wird nicht als Gefahr anerkannt, wodurch eine Impfung keinen Nutzen zu bringen scheint.
2) Bequemlichkeit (convenience)
   Vermeintlich praktische Gründe stehen einer Impfung im Wege.
3) Vertrauen (confidence)
   Es besteht ein mangelndes Vertrauen in die Sicherheit und Wirksamkeit bestimmter Impfstoffe.

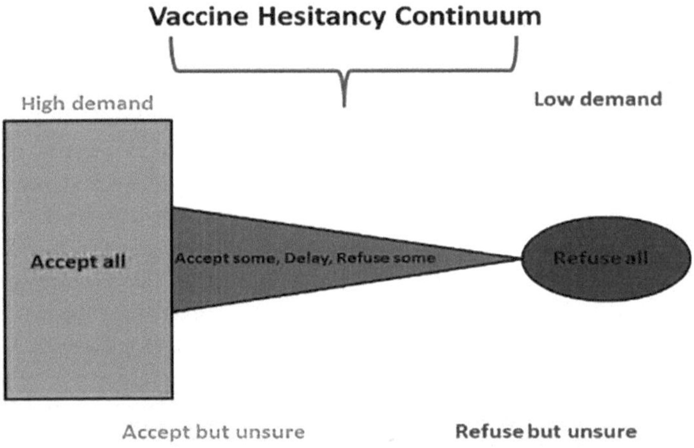

Abbildung 1.1 Stufen zwischen vollständiger Zustimmung und kompletter Ablehnung von Impfungen. (Quelle: SAGE Working Group, 2014, S. 10)

Dabei ist die Impfwilligkeit bzw. -verweigerung sehr komplex und kontextspezifisch, weshalb sie je nach Impfstoff, Zeit und Ort variiert. Gleichzeitig ist eine Impfverweigerung nicht als absolut zu betrachten. So gibt es breite Facetten zwischen einer vollständigen Zustimmung und einer kompletten Verweigerung (Abb. 1.1). Dies verdeutlicht den großen Spielraum, der vorhanden ist, um zögerliche oder verunsicherte Menschen von einer Impfung zu überzeugen.

Nach dieser ersten systematischen Studie zur Impfverweigerung sollten noch einige weitere folgen, die das Problem mit zunehmender Genauigkeit betrachten. So erweiterten Wissenschaftler der Universität Erfurt im Jahr 2018 das 3C-Modell zu einem 5C-Modell. In diesem Modell wurde der Faktor Bequemlichkeit (convenience) in 3 Untergruppen aufgeteilt, sodass am Ende 5 Faktoren entstanden, die die Impfbereitschaft nachweislich beeinflussen (Betsch et al., 2018):

1. Vertrauen (confidence)
2. Selbstgefälligkeit (complacency)
3. Selbst-Kontrolle (constraints)
4. Vorliebe für Berechnungen (calculation)
5. Orientierung an der Gemeinschaft (collective responsibility)

Durch diese breitere Aufstellung erlaubt das 5C-Modell eine exakte Konzeptualisierung von Impfverzögerung und -akzeptanz. Als Messinstrument kann es dabei helfen, Impfverzögerungen und dessen Ursache zu analysieren. Dadurch wird es möglich sein, Impfkampagnen und Impfprogramme, die notwendig sind, um Menschen vor zu Teil lebensgefährlichen Infektionskrankheiten zu schützen, zielgerichteter an die Gesellschaft anzupassen. Sehr häufig steht eine schlechte Information oder mangelnde fachliche Beratung einer Impfung im Wege, die zu einer gewissen Selbstgefälligkeit (complacency) und einem Verlust an Vertrauen (confidence) bei den Menschen führt. Die Ursache hierfür lässt sich zu einem Großteil über das sogenannte Präventionsparadox erklären. Dieser Begriff wurde in den 1980er-Jahren von dem britischen Epidemiologen Geoffrey Rose beschrieben und stellt ein grundlegendes Problem jeglicher gesundheitlichen Präventionsmaßnahmen dar (Rose, 1981, S. 1847–51). Im Falle von Impfungen führt eine hohe Impfquote in einer Population zu einem Rückgang der jeweiligen Erkrankung. Da diese in der Gesellschaft die Präsenz verliert, verliert sie auch ihren Schrecken und wird von Teilen der Bevölkerung mitunter in ihrer Gefahr unterschätzt. Gleichzeitig rücken mögliche Nebenwirkungen von Impfungen in das Zentrum der öffentlichen Aufmerksamkeit, wodurch sich das wahrgenommene Kosten-Nutzen-Verhältnis dieser Impfung mitunter so weit verschiebt, dass sich Teile der Bevölkerung bewusst gegen eine Impfung entscheiden, auch wenn sie von Experten weiterhin empfohlen wird.

In der Folge tritt die Erkrankung wieder gehäuft auf, gewinnt seinen Schrecken zurück und führt zu einer Erhöhung der Impfbereitschaft. Da der Erfolg eines Impfprogramms auch auf globaler Ebene allerdings nur dann eintritt, wenn die Impfquote konstant über einem bestimmten Grenzwert liegt, führt das Präventionsparadox dazu, dass dieses Ziel in weite Ferne rückt.

Aus der Sicht von Public Health sind breit gefächerte Präventionsmaßnahmen für die gesamte Bevölkerung lohnend, weil die Krankheitslast maßgeblich reduziert wird und die Maßnahme selbst wenig komplex, sondern allgemeingültig ist. Die individuelle Krankheitsgeschichte ist dabei oftmals gar nicht ausschlaggebend. Dadurch werden auch Teile der Bevölkerung durch eine Präventionsmaßnahme zur Handlung aufgerufen, die womöglich gar nicht unmittelbar gefährdet wären. Allein durch die Gruppengröße steigt dann der Nutzen für alle. Damit aber auch die Akzeptanz in weiten Teilen der Bevölkerung hoch bleibt, ist es wichtig, Faktoren für psychologische Unsicherheiten zu erkennen und ernst zu nehmen (Franzkowiak, 2018). Um also wichtige Impfquoten wie für Grippe, Masern, Tetanus oder Röteln hochzuhalten, ist es ratsam, neue Wege zu beschreiten, um Menschen, die ein zögerliches Verhalten zeigen, besser erreichen zu können.

1.1 Relevanz

Die Corona-Pandemie hat die Wichtigkeit von Impfungen für Erwachsene auch im Allgemeinen in das Licht der Öffentlichkeit gerückt. Je älter die Menschen werden, desto anfälliger sind sie für Virusinfektionen und Komplikationen, die von ihnen ausgelöst werden. Auch Personengruppen mit bestimmten Grunderkrankungen, Schwangere oder Menschen mit einer erhöhten Disposition zu einem bestimmten Erreger können massiv von einer Schutzimpfung profitieren. Neben anderen Maßnahmen zur Gesundheitsprävention bieten Impfungen nicht nur einen individuellen Schutz. Durch eine ausreichend hohe Impfquote innerhalb einer Population lassen sich über Mechanismen des Herdenschutzes auch diejenigen Menschen schützen, die nicht selbst geimpft sind. Dadurch haben flächendeckende Impfungen einen massiven Einfluss auf die Krankheitslast der jeweiligen Erkrankung innerhalb des Systems. Allerdings ist die Impfquote für viele wichtigen Impfungen unter Erwachsenen oftmals zu niedrig.

Während Kinderimpfungen in Deutschland im Rahmen der standardisierten Vorsorgeuntersuchungen durchgeführt werden, obliegt es der Eigenverantwortung und bewussten Aufmerksamkeit des Erwachsenen, notwendige Impfungen selbst wahrzunehmen.

So wird beispielsweise seit Jahren kommuniziert, dass die Impfquote für Grippeimpfungen zu niedrig sei. Zwar stieg sie in den letzten Jahren leicht an, doch hier gibt es noch sehr viel Raum nach oben. Laut Zielvorgaben der Europäischen Union sollte die Impfquote für Influenza bei älteren Menschen bei mindestens 75 Prozent liegen. In der Saison 2019/20 ließen sich in den westlichen Bundesländern allerdings nur 34,8 Prozent der älteren Menschen gegen Influenza impfen. Auch in den östlichen Bundesländern lag die Impfquote mit immerhin 57,1 Prozent aber immer noch deutlich unter der geforderten Impfquote, die notwendig wäre, um die vulnerablen Gruppen nachhaltig vor einer Influenzaerkrankung zu schützen. Auch bei anderen Risikogruppen wie Erwachsene mit bestimmten Grunderkrankungen, Schwangere oder medizinischem Personal liegt die Impfquote gegen Influenza deutlich unter diesem erforderten Wert (Rieck et al., 2020).

Neben Influenza zeigen sich auch bei zahlreichen anderen Erkrankungen Defizite im Impfstatus vieler erwachsener Menschen in Deutschland. Einige Impfungen, die bei Kindern seit Jahrzehnten zur standardisierten Grundimmunisierung verabreicht werden, werden von zu vielen Erwachsenen nicht aufgefrischt, sodass davon ausgegangen werden muss, dass kein ausreichender Impfschutz mehr vorliegt. Hierzu zählen unter anderem Impfungen gegen *Pneumokokken, Tetanus* oder *Diphterie* (Rieck et al., 2020, S. 3). Es ist davon auszugehen, dass nur ein kleiner Teil der Bevölkerung Impfungen grundsätzlich ablehnt. Vielmehr sind es Unsicherheiten, Bequemlichkeit oder ein trügerisches Gefühl von Sicherheit, die dazu führen, dass empfohlene Impfungen nicht angenommen werden.

Um diesem Problem zu begegnen, ist es von größter Wichtigkeit, neue Impfstrategien zu entwickeln, um die Menschen zu erreichen, die unsicher und zögerlich sind. Seit Jahren wird der Einbezug von Apotheken in die Impfung der erwachsenen Bevölkerung öffentlich diskutiert. Durch ein niederschwelliges Impfangebot und optimale Nutzung pharmazeutischer Ressourcen kann es möglich sein, die Impfquote in Deutschland mit einfachen Maßnahmen deutlich anzuheben, sodass Zielvorgaben auch tatsächlich erreicht werden können.

Theoretischer Hintergrund 2

2.1 Impfungen

Die Entdeckung der Impfung war ein Meilenstein im medizinischen Fortschritt und hatte einen massiven Einfluss auf die Gesundheit aller Menschen. Heute ist sie ein maßgeblicher Faktor für die Gesundheit der Bevölkerung, denn sie gehört zu den wirksamsten Präventionsmaßnahmen der modernen Medizin, wodurch nicht nur der Einzelne, sondern das Gesundheitssystem im Ganzen profitiert. Das unmittelbare Ziel einer Impfung ist es, das individuelle Risiko für eine bestimmte Infektionskrankheit herabzusetzen und somit den Einzelnen zu schützen. Je höher aber die Impfquote in einer bestimmten Region ist, desto mehr profitieren alle Menschen, die in dieser Region leben, auch wenn sie selbst nicht geimpft sind. Dieses Konzept der Herdenimmunität ist essenziell für den Schutz der immunologisch schwächsten einer Gesellschaft wie Säuglinge, Alte und Kranke und kann sogar dazu führen, dass bestimmte Erreger regional gar nicht mehr oder nur noch sehr selten vorkommen. Hierdurch werden Impfungen zu einem mächtigen Werkzeug zur Eindämmung von epidemisch oder pandemisch auftretenden Infektionskrankheiten (Robert Koch-Institut, 2022).

2.1.1 Geschichtlicher Hintergrund

Das lateinische Wort Vakzin gibt einen Hinweis auf die Entstehung des ersten Impfstoffes. Es leitet sich von dem lateinischen Wort für Kuh (Vacca) ab und führt zurück auf den britischen Arzt Edward Jenner (1749–1823), der Kuhpockenviren (Vaccinia) einsetzte, um Menschen vor einer gefährlichen Pockeninfektion zu schützen. Zu Jenners Lebzeit waren die Pocken in Europa weit verbreitet und

R. Oehlmann, *Impfungen in Apotheken*,
https://doi.org/10.1007/978-3-658-52229-2_2

fielen mehr Menschen zum Opfer als die Pest, Lepra oder Syphilis. Wer nicht an einer Infektion starb, war deutlich von der Erkrankung gezeichnet. Neben tiefen Narben, die vor allen Dingen das Gesicht betrafen, waren neurologische Schäden eine häufige Spätfolge. Sie führten nicht selten zu Lähmungserscheinungen oder Erblindung. Der britische Landarzt hatte von Gerüchten gehört, die besagten, dass eine Erkrankung mit den deutlich weniger gefährlichen Kuhpocken einen Menschen vor einer schweren Pockenerkrankung schützen würde.

Derartige Beobachtungen wurden von Ärzten aus unterschiedlichen Ländern vermerkt, sind aber bis dahin nicht systematisch untersucht worden. Dies wollte der Landarzt ändern. Am 14.5.1796 „impfte" Edward Jenner einen jungen Mann namens James Phipps mit dem Eiter aus den Pusteln einer an Kuhpocken erkrankten Kuhmagd. Dieses Verfahren, auch Variolation genannt, stammt von Medizinern aus China und dem Nahen Osten, dessen Lehren inzwischen bis ins ferne Europa vorgedrungen waren und auch Jenner in seinem Vorhaben bestärkt haben könnten. An der Einstichstelle des behandelten Mannes bildete sich eine Pustel, die bald abheilte. Knapp drei Monate später, am 1.7.1796 infizierte Jenner den Mann mit Pockeneiter, doch dieser erkrankte nicht. Weitere Versuche bestätigten das Ergebnis dieser prominenten ersten Impfung und führten zu einer routinemäßigen Prozedur, die die Bevölkerung vor Ort vor einer Pockeninfektion schützen sollte (Dixon, 1998).

Auch wenn das Grundprinzip der Schutzimpfung von Jenner eindeutig belegt werden konnte, handelt es sich um ein seltenes Phänomen, das vom Prinzip nicht auf andere Infektionskrankheiten übertragbar ist. Denn hier vermittelt ein harmloser Krankheitserreger eine Immunität für einen verwandten gefährlichen Erreger. Es ist also wenig verwunderlich, dass Jenners Ergebnisse noch nicht den großen Fortschritt brachten. Erst 100 Jahre nach Jenners erster Impfung gelang es dem Chemiker Louis Pasteur, einen allgemeingültigen Mechanismus zu etablieren, der schließlich dazu führte, dass Impfstoffe gegen zahlreiche andere Krankheiten entwickelt werden konnten. Dieser allgemeingültige Mechanismus beruht darauf, dass eine Exposition mit einem abgeschwächten Erreger eine spätere Erkrankung mit ebendiesem Erreger verhindert. Pasteur experimentierte lange Zeit mit Infektionskrankheiten bei Tieren und entwickelte schließlich einen Impfstoff, der Menschen vor Tollwut schützte. Die erste Tollwutimpfung eines Menschen im Jahre 1895 legte schließlich den Grundstein für das Zeitalter der aktiven Immunisierung. Noch zu Pasteurs Lebenszeit wurde unter anderem ein Impfstoff gegen Milzbrand in industriellem Maßstab hergestellt und vermarktet (Cassier, 2008).

Seitdem wurden Impfstoffe gegen eine Vielzahl von Infektionskrankheiten entwickelt und an die breite Bevölkerung verabreicht. Dabei schreitet die Forschung immer weiter voran, sodass neue Impfstoffe genauer und zielgerichteter wirken und dabei Nebenwirkungen reduziert werden. Heute gehören Kinderimpfungen zum Standard, wodurch sich die Sterblichkeit von Kindern drastisch reduziert hat (siehe Abb. 2.1).

Erkrankungen wie Diphtherie, Keuchhusten, Polio oder Tetanus stellen heute keine ernst zu nehmende Gefahr für Kinder in Industriestaaten dar, was dazu führt, dass aus gesunden Kindern gesunde Erwachsene werden. Bei einer historischen Analyse von Daten aus den Niederlanden fanden Wissenschaftler der Universität von Bilthoven heraus, dass es eine deutliche Korrelation zwischen Impfungen und der Gesamtsterblichkeit im 20. Jahrhundert gibt (van Wijhe et al., 2016).

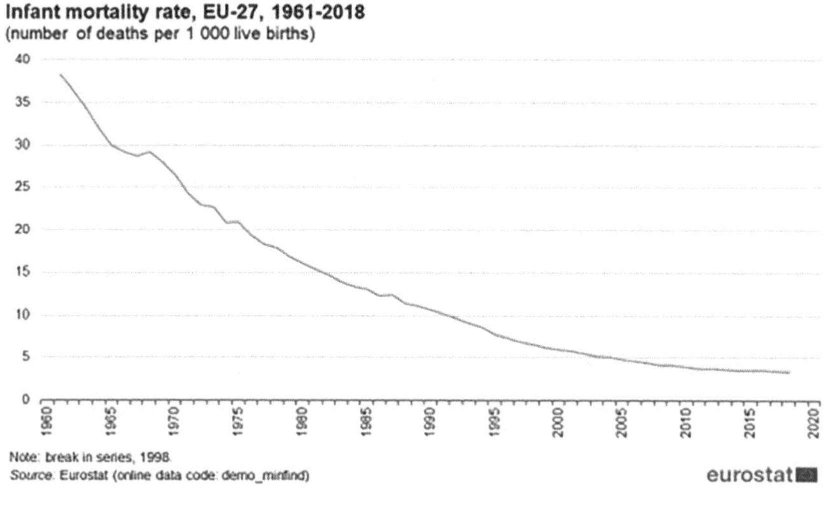

Abbildung 2.1 Kindersterblichkeit in der heutigen EU von 1961 bis 2018. (Quelle: Eurostat, 2021)

Nach Jenners erster Impfung gegen die Pocken dauerte es etwas mehr als 200 Jahre, bis das Pockenvirus von der Erde verschwand. Im Jahr 1980 wurde die Ausrottung offiziell bestätigt. Laut dem Bundesamt für Bevölkerungsschutz (BKK) lagern mit dem Stand von 2007 nur noch zwei WHO-Referenzlabore in den USA und Russland Pockenstämme (BKK, 2007, S. 161). Das Werkzeug für diese Ausrottung war eine durch die WHO organisierte weltweite Impfkampagne, die 1958 von einer sowjetischen Delegation vorgeschlagen wurde und 1967 nach gründlicher Vorbereitung offiziell startete. Nach und nach wurden immer mehr

Länder von den Pocken befreit, die im Jahr 1950 allein in Indien noch eine Millionen Todesopfer forderten.

Die letzten weltweiten Fälle wurden 1977 in Kenia dokumentiert (Dixon, 1998, S. 78). Die Ausrottung des Pockenvirus kann als größte Erfolgsgeschichte einer einzigartigen weltweiten Impfkampagne verstanden werden. Doch auch, wenn andere Erreger nicht in diesem großen Ausmaß eingedämmt werden konnten, so haben doch die meisten wirklich gefährlichen Infektionskrankheiten im Laufe des 20. Jahrhunderts aufgrund von Impfungen ihren Schrecken verloren.

2.1.2 Verschiedene Arten von Impfstoffen

Ein wirksamer Impfstoff muss unterschiedliche Bedingungen erfüllen und perfekt an die Gegebenheiten des jeweils infizierenden Organismus angepasst sein. Dabei ist es wichtig, dass unterschiedliche Komponenten des Immunsystems angesprochen werden. Zum einem werden Antikörper benötigt, die von B-Zellen produziert werden und gegen extrazelluläre Krankheitserreger oder deren Exotoxine agieren. Zum anderen sichern CD8-T-Lymphozyten einen effektiven Schutz gegen Erreger, die bereits in Zellen eingedrungen sind und sich dort vermehren (Abb. 2.2). Diese induzierte adaptive Immunantwort ist bei einer Impfung grundsätzlich dieselbe wie bei der Begegnung mit einem echten Krankheitserreger und sichert eine bestmögliche Immunität.

Bei einer effektiven Impfung müssen somit Antikörper und T-Zellen gegen die richtigen Epitope des jeweiligen Krankheitserregers gebildet werden (Janeway & Travers, 1997, S. 525).

Um dieses Ziel zu erreichen, wurden die unterschiedlichsten Impfstoffarten entwickelt. Bereits zu Beginn des 20. Jahrhunderts wurden zwei unterschiedliche Wege der Impfstoffherstellung beschritten, wodurch sich Lebendimpfstoffe und Totimpfstoffe herstellen ließen. Bei einem Lebendimpfstoff werden abgeschwächte Krankheitserreger verimpft, die teilweise noch vermehrungsfähig sind, jedoch bei gesunden Menschen keine schwere Erkrankung auslösen. In seltenen Fällen ist eine sogenannte „Impfkrankheit“ zu beobachten, die aber schnell verschwindet. Aufgrund dieser Reaktion sind Lebendimpfstoffe allerdings grundsätzlich nicht zu empfehlen bei Menschen mit Immunschwäche oder nach einer Organtransplantation. Diese Faktoren sind eindeutige Kontraindikationen. Für solche Menschen besteht das Risiko einer systemischen Infektion, die einen tödlichen Ausgang nehmen kann. Anderseits bieten Lebendimpfstoffe einen sehr effektiven Immunschutz, der häufig ein Leben lang anhält. Beispiele für heute noch verwendete Lebendimpfstoffe sind unter anderem die Vakzine gegen Masern, Mumps, Röteln oder Windpocken.

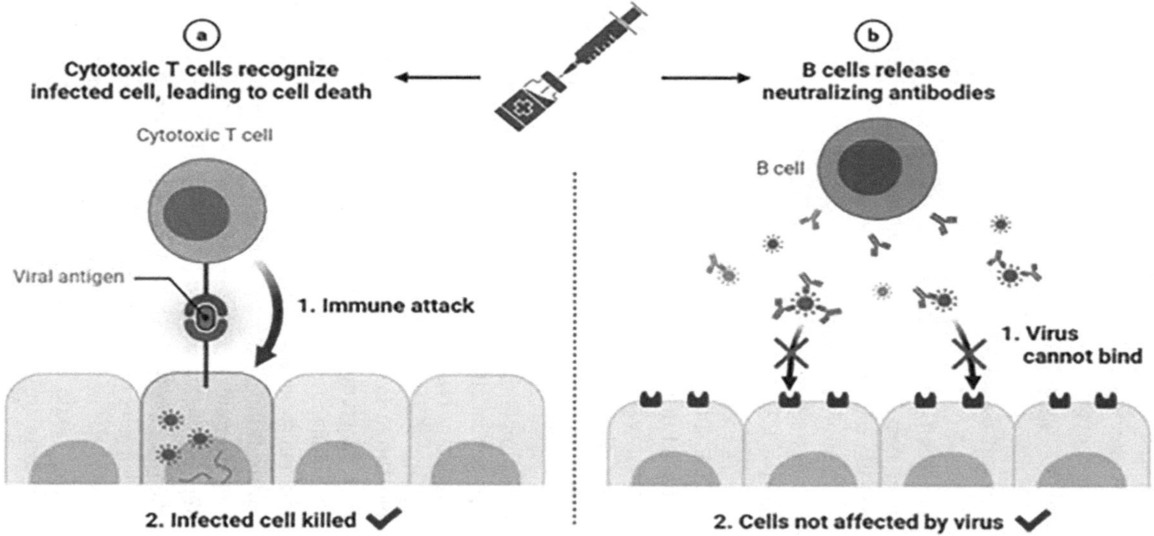

Abbildung 2.2 Wirkung einer Impfung auf T- und B-Zellen. (Quelle: verändert nach Baraniuk, 2020)

Bei einem Totimpfstoff wurden zunächst abgetötete Krankheitserreger dem Vakzin hinzugeführt. Im Laufe des 20. Jahrhunderts wurde diese Technik weiter spezifiziert, sodass später nur einzelne aufgereinigte Komponenten eines bestimmten Krankheitserregers verwendet wurden (Janeway & Travers, 1997, S. 525). Heute lassen sich folgende Arten von Totimpfstoffen unterscheiden:

1. Ein Ganzpartikelimpfstoff enthält den vollständigen abgetöteten Krankheitserreger.
2. Ein Spaltimpfstoff enthält inaktivierte Bruchstücke des Erregers und ist dadurch in der Regel besser verträglich. Diese Bruchstücke können Polysaccharide aus der Hülle des jeweiligen Krankheitserregers sein, die einzeln oder an ein Trägerprotein gebunden verwendet werden. Im letzteren Fall wird die Abwehrreaktion verstärkt. Auch einzelne Proteine oder nur Bausteine bestimmter Proteine des Krankheitserregers können in einem Spaltimpfstoff vorliegen.
3. Ein Toxoidimpfstoff enthält nicht den Erreger selbst, sondern Bestandteile seines toxischen Giftes. Ein prominentes Beispiel hierfür ist das Bakterium *Clostridium tetani*, der Auslöser einer Tetanusinfektion, dessen Gefahr auf seinem äußerst gefährlichen Exotoxin beruht. Auch beim Impfstoff gegen Diphterie handelt es sich um einen Taxoidimpfstoff (Grabenstein, 2009, S. 106).
4. Bei einem Adsorbationsimpfstoff ist der verwendete Totimpfstoff zusätzlich an ein Adsorptionsmittel gebunden, um die induzierte Immunreaktion zu verstärken. Ein häufig verwendetes Hilfsmittel ist zum Beispiel Aluminiumhydroxyd.

Der Vorteil von Totimpfstoffen im direkten Vergleich zu einem Lebendimpfstoff ist die bessere Verträglichkeit und die geringere Gefahr von Nebenwirkungen. Andererseits ist aber der induzierte Impfschutz meist weniger stark, sodass nach einer erfolgten Grundimmunisierung regelmäßige Auffrischungen nötig sind.

Einen deutlichen Fortschritt in der Entwicklung neuer Impfstoffe brachte die Möglichkeit, Immunisierungen über genetische Wege zu erreichen. Die Anwendung dieses Weges führte zu einer dritten Klasse von Impfstoffen, den sogenannten genbasierten Impfstoffen. Sie transportieren nicht das Antigen selbst in den Körper, sondern den genetischen Bauplan für dieses Antigen. Erst in den Zellen des Geimpften wird das Antigen hergestellt und freigesetzt bzw. auf der Zelloberfläche präsentiert, sodass das Immunsystem darauf reagieren kann. Zur Gruppe der genbasierten Impfstoffe zählen heute:

1. **Vektor-Impfstoffe**
   Vektor-Impfstoffe verwenden virale Vektoren, die teilweise selbst vermehrungsfähig sind. Die harmlosen Vektorviren transportieren die betreffenden Gene, ohne selbst pathogen zu sein. Häufig werden modifizierte Adenoviren verwendet. Da humane Adenoviren oftmals eine Immunreaktion hervorrufen und dadurch die Impfwirkung limitieren, werden für jüngere Vektor-Impfstoffe auch nicht-humane Adenoviren verwendet. Dadurch kann die Effizienz des Vektor-Impfstoffes erhöht werden (Bangari & Mittal, 2006). Zugelassene Vektorimpfstoffe gibt es gegen Dengue-Fieber, Ebola und Sars-CoV-2.
2. **DNA- Impfstoffe**
   Im Gegensatz zu einem Vektorimpfstoff handelt es sich bei DNA-Impfstoffen um eine minimalistische genetische Komposition, die keinen Trägervirus benötigt. Bei einem DNA-Impfstoff wird das Erbgut in Form eines Plasmids, also einer ringförmigen DNA verwendet. Es enthält die Erbinformation für das Antigen und einen Promotor und dringt in den Zellkern der Körperzellen des Geimpften ein. Dieser Prozess kann durch das Anlegen einer minimalen Spannung an der Injektionsstelle (Elektrophorese) unterstützt werden. Im Zellkern angekommen, wird die DNA in mRNA umgewandelt und verlässt den Zellkern wieder. Im Zytoplasma erfolgt schließlich der Zusammenbau des Antigens, das auf der Zelloberfläche präsentiert wird und eine Immunreaktion in Gang setzt (Lui, 2003, S. 404). Obwohl die Entwicklung der DNA-Impfstoffe in den letzten 15 Jahren deutlich vorangeschritten ist, gib es heute weltweit noch keinen zugelassenen DNA-Impfstoff. Internationale Qualitätsanforderungen und Leitlinien zur Begrenzung potenzieller Risiken wurden bereits 2005 von der WHO zusammengetragen und 2020 aktualisiert (Sheets et al., 2020).
3. **mRNA-Impfstoffe**
   Bei einem mRNA-Impfstoff wird durch die direkte Verwendung von mRNA ein Eindringen des verimpften Erbguts in den Zellkern und eine dortige Reaktion umgangen. Das Antigen kann direkt im Zytoplasma gebildet und aus der Zelle entlassen werden. Da lose mRNA vergleichsweise instabil ist, muss sie durch eine adäquate Hülle geschützt werden. Hierfür können spezielle nonlipid Polymere, Peptide oder Lipid-Nanopartikel verwendet werden, die eine künstliche Zellmembran um die mRNA bilden (Pardi et al., 2020, S. 16). Die ersten mRNA-basierten Impfstoffe wurden 2020 gegen Sars-CoV-2 zugelassen. Aktuell arbeiten Wissenschaftler weltweit an der Entwicklung von DNA- oder mRNA-Impfstoffen gegen etwa 20 Erkrankungen (z. B. gegen Hepatitis B + C, Tollwut oder das Zikavirus). Zusätzlich stellen mRNA-Impfstoffe eine innovative Methode zur Krebsbekämpfung dar, an der weltweit geforscht wird.

Die vergleichsweise jungen genbasierten Impfstoffe bieten eine Reihe von Vorteilen gegenüber den alten Lebend- und Totimpfstoffen. Zum einen ist die Entwicklung und Herstellung deutlich schneller und kostengünstiger, da nur geringe Mengen des tatsächlichen Krankheitserregers benötigt werden. Gleichzeitig schreitet die Entwicklung von Methoden und Verfahren in großem Tempo voran, sodass sich vereinfachte Prozesse etablierten (Pardi et al., 2020, S. 15). Diese ermöglichen es, einen genbasierten Impfstoff rasch an neue Anforderungen anzupassen. Auf diese Weise kann zügig auf veränderte Bedingungen (z. B. durch Mutationen des ursprünglichen Erregers) reagiert werden. Zusätzlich enthalten die hochentwickelten Impfstoffe exakt bekannte Inhaltsstoffe, die eine Impfreaktion vorhersagbarer machen und das Risiko von Nebenwirkungen deutlich reduzieren.

2.1.3 Sicherheit und Nebenwirkungen von Impfstoffen

Eine Impfung ist grundsätzlich als äußerst risikoarm zu betrachten. Eine typische Impfreaktion, die kurze Zeit nach vielen Impfungen zu beobachten ist, ist eine Rötung, Schwellung und Schmerzen an der Einstichstelle oder Fieber und Kopfschmerzen. Diese Reaktionen klingen innerhalb weniger Tage vollständig ab und lassen sich auf eine Auseinandersetzung des Immunsystems mit dem Impfstoff zurückführen. Nur selten kommt es zu Impfkomplikationen, die schwerwiegender sind. Hierzu gehören unter anderem Übelkeit und Erbrechen, Hautausschlag, Schwindel oder ein anhaltendes Schwächegefühl. Schwerwiegende Nebenwirkungen sind bei jeder Impfung immer meldepflichtig und werden in Deutschland an das Paul-Ehrlich-Institut (PEI) weitergeleitet und dort von Experten analysiert und bewertet. Nur durch dieses ständige Kontrollinstrument kann eine Sicherheit aller verwendeten Impfstoffe in Deutschland gewährleistet werden (Robert Koch-Institut, 2023). Wenn ein Impfschaden durch die zuständigen Behörden anerkannt wird und es sich bei der Impfung um eine öffentlich empfohlene Impfung handelt, besteht Anspruch auf eine Entschädigung nach den Regelungen des sozialen Entschädigungsrechts. In den Jahren von 2000 bis 2020 wurden bundesweit 54.488 Verdachtsfälle von Impfschäden an das Paul-Ehrlich-Institut übermittelt. Von diesen Fällen endeten 456 tödlich und bei 917 ist ein bleibender Schaden feststellbar. Ein ursächlicher Zusammenhang mit einer Impfung muss bei diesen Fallmeldungen nicht zwangsläufig geben sein. Er wird aktuell noch geprüft (Paul-Ehrlich-Institut, 2022).

Erfahrungsgemäß wird nur ein Bruchteil der gemeldeten Verdachtsfälle auf Impfschäden tatsächlich anerkannt. Nach eingehender Prüfung konnten in der Vergangenheit nur bei etwa 10 Prozent der gemeldeten Fälle ein ursächlicher

Zusammenhang zwischen einer gesundheitlichen Einschränkung und einer erfolgten Impfung nachgewiesen werden. Damit lässt sich insgesamt feststellen, dass der Nutzen von Impfungen die Risiken sowohl für den Einzelnen als auch für die Gesamtbevölkerung deutlich überwiegt (Meyer et al. 2002a, S. 367).

Damit ein Impfstoff nicht nur seine gewünschte Wirkung, sondern auch möglichst keine Nebenwirkungen zeigt, durchläuft er vor der Zulassung ein umfangreiches Prüfungsverfahren. Allerdings zeigen sich sehr seltene Nebenwirkungen, die mit einer Häufigkeit geringer als 1:20.000 vorkommen oftmals erst nach der klinischen Anwendung. Aus diesem Grunde ist eine konstante Überwachung und Prüfung von Impfstoffen auch nach der Zulassung unabdingbar, um eine sichere Verwendung gewährleisten zu können (Weißler et al., 2009).

2.2 Impfprogramme zum Schutz der Gesamtgesellschaft

Schutzimpfungen bringen nicht nur einen individuellen Krankheitsschutz, sondern schützen über den Effekt der Herdenimmunität die gesamte Population. Neben der Verbesserung hygienischer Standards sind sie damit die wirksamsten Faktoren bei der Bekämpfung von Infektionskrankheiten. Die weltweite Eliminierung der Pocken ist ein eindrucksvolles Beispiel des Nutzens für die gesamte Bevölkerung, jedoch nicht das einzige. Zumindest in Deutschland muss sich, dank jahrzehntelanger Impfungen, niemand ernsthafte Sorgen über Tetanus, Pertussis oder Diphtherie machen. Und auch weltweit treten diese Erkrankungen immer seltener auf. Poliomyelitis gilt als nahezu ausgerottet. Im Jahr 2002 erklärte die WHO Europa für poliofrei und auch weltweit ging die Zahl der Polioinfektionen seit Einführung einer Impfung in den 1950er Jahren um 99 Prozent zurück. Unter anderem auch durch die Corona-Pandemie entstanden allerdings Lücken bei den lokalen Impfprogrammen, sodass besonders in Pakistan und Afghanistan zuletzt wieder gehäuft Fälle von Poliomyelitis aufgetreten sind. Bis zur endgültigen Ausrottung des Virus müssen Impfungen gegen Polio weltweit konsequent fortgesetzt werden, um Ansteckungen weiterhin zu unterbinden (Nandelstädt, 2021).

Konsequent durchgeführte Impfmaßnahmen sind somit ein mächtiges Werkzeug. Dabei müssen für eine erfolgreiche Durchführung von Impfprogrammen zahlreiche Faktoren beachtet werden, die die Akzeptanz von Impfmaßnahmen beeinflussen. Hierzu gehören laut Meyer et al., 2002 (S. 323), unter anderem:

- Inzidenz der Erkrankung
- Schwere der Erkrankung

- Häufigkeit von Krankheitskomplikationen
- Effektivität des Impfstoffes
- Nebenwirkung der Impfung
- Erreichbarkeit der Zielpopulation
- Inanspruchnahme
- Akzeptanz der Impfung in der Bevölkerung
- Kostenerstattung
- institutionelle Verankerung des Impfwesens
- gesundheitspolitische Unterstützung

Allein der erste Punkt zeigt ein wesentliches Problem. Eine geringe Inzidenz, die womöglich erst durch eine erfolgreiche Impfkampagne erreicht wurde, kann dazu führen, dass die Akzeptanz für eine Impfung sinkt (Präventionsparadox). Das Risiko der Erkrankung tritt dann in den Hintergrund und weicht einem möglichen Risiko der Impfung und daraus folgenden Komplikationen. Nebenwirkungen geraten zunehmend in die öffentliche Diskussion, sodass die Gefahr von potenziellen Impfkomplikationen überschätzt wird. Dadurch kommt es zu einem Vertrauensverlust in die jeweilige Impfung, die sich an einem Einbruch der Impfbereitschaft zeigt. Eine geringere Immunität in der Bevölkerung allerdings bewirkt, dass die Erkrankung wieder häufiger auftritt und erneut als Gefahr anerkannt wird, woraufhin die Impfbereitschaft wieder steigt. Dr. Robert Chen vom Center for Disease Control and Prevention in Atlanta vereinfachte das Zusammenspiel der unterschiedlichen Wahrnehmung von Komplikationen einer Erkrankung oder Impfung bereits 1999 in einem schematischen Schaubild (Abb. 2.3). Diese allgemeingültige Beobachtung gründete auf Erfahrungen aus den Impfkampagnen gegen Pocken und Pertussis, dessen Elimination durch die dynamische Natur der Abwägung von Nutzen und Risiken jedenfalls im Falle von Pertussis bis heute noch nicht erreicht ist. Chen unterstreicht mit dieser Bedeutung die Wichtigkeit von unabhängigen Instituten zur Überwachung der Sicherheit von Impfstoffen (Chen, 1999).

Als aktuelles Beispiel aus Deutschland seien an dieser Stelle die Masern genannt. An der systemischen Virusinfektion infizieren sich typischerweise Kinder, was zum einen daran liegt, dass die Masern sehr ansteckend sind, zum anderen daran, dass eine Infektion eine lebenslange Immunität induziert. In den meisten Fällen verläuft eine Maserninfektion bei Kindern leicht und es kommt zu grippeartigen Symptomen und einem typischen Hautausschlag. Allerdings bedingt die Infektion eine transitorische Immunschwäche, wodurch eine allgemein höhere Anfälligkeit für Folgeerkrankungen besteht. Bei etwa einer von 1000

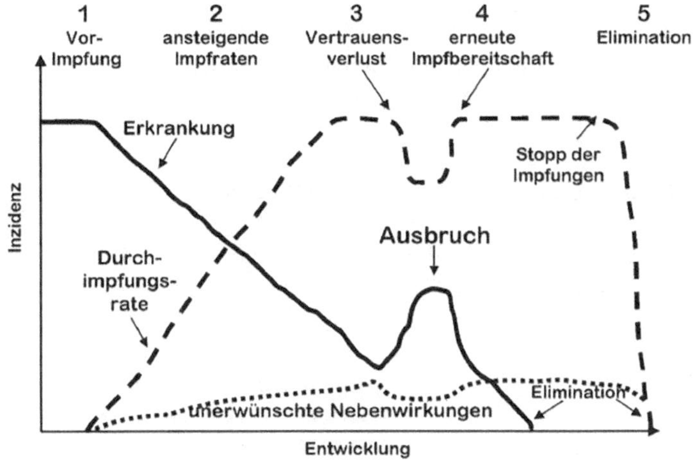

Abbildung 2.3 Phasen der Wahrnehmung von Erkrankungs- und Impfkomplikationen im Verlauf einer Impfkampagne. (Quelle: Meyer et al. 2002a, S. 366)

Erkrankungen kommt es zu einer postinfektiösen Enzephalitis, die für 10–20 Prozent der Betroffenen tödlich endet. Auch lebenslange neurologische Folgeschäden können nach einer solchen Enzephalitis beobachtet werden (Robert Koch-Institut, 2020). In Deutschland pendelten sich Masernerkrankungen in den letzten 20 Jahren auf einem niedrigen Niveau ein und waren beinahe verschwunden. Eine geringe Inzidenz und eine scheinbar geringe Gefahr sorgten allerdings dafür, dass die Impfung bei einem Teil der Bevölkerung an Akzeptanz verlor und weniger Kinder gegen Masern geimpft wurden. So kam es im Jahr 2015 mit bundesweit 2.443 Maserninfektionen zu einem Höchststand der letzten 20 Jahre (Statista, 2023).

Abhilfe soll eine Impfpflicht für Masern schaffen, die seit dem Frühjahr 2020 für alle Kinder in Deutschland gilt, die einen Kindergarten oder eine Schule besuchen, sowie für Erwachsene, die in den entsprechenden Einrichtungen beschäftigt sind. Dieser Schritt soll bewirken, dass die Masern endgültig aus Deutschland verschwinden und eine epidemische Übertragung nicht mehr möglich ist. Dieses Ziel wurde im Jahr 2018 bereits von 43 der 53 Staaten der WHO-Region Europa erreicht und ist für Deutschland dringend geboten (The WHO Regional Office for Europe, 2019, S. 10).

Der Nutzen einer Impfung für die Gesamtgesellschaft hängt somit von der öffentlichen Akzeptanz und gegebenenfalls politischen Regulationen ab. Als Träger sind allerdings Institutionen und Kommissionen notwendig, die die Impfung aus wissenschaftlicher Sicht betrachten und politisch unabhängig sind.

2.2.1 Regulation von Impfprogrammen

Das Impfwesen in Deutschland ist klar strukturiert und umfasst zahlreiche Behörden und Institutionen. Auf verschiedenen Ebenen ist es ihre Aufgabe, ein gesetztes Impfziel zu erreichen und Bemühungen hierfür zu bündeln und voranzutreiben. Impfziele werden in der Regel auf Bundesebene festgelegt und gelten für ganz Deutschland. Sie sind verknüpft mit den Impfzielen anderer Länder, um möglichst effizient gegen Infektionskrankheiten weltweit vorgehen zu können. Die Umsetzung dieser Ziele obliegt allerdings föderalen Strukturen und erfolgt regional auf Länderebene. Auf jeder Ebene gilt es, spezifische Aufgaben zu erfüllen und so hierarchisch strukturiert ein gemeinsames und erfolgreiches Impfprogramm mit sicheren Impfstoffen zu gewährleisten. Kernaufgaben sind neben der Prüfung und Durchführung der eigentlichen Impfung vor allen Dingen Aufklärungskampagnen und Informationsangebote. Die wichtigsten Akteure des Impfwesens sind in Abb. 2.4 schematisch und vereinfacht dargestellt und werden im Anschluss in ihrer Struktur und mit den ihnen anvertrauten Aufgaben kurz charakterisiert.

Der Regelkreis beginnt mit der Entwicklung eines Impfstoffes gegen eine bestimmte impfrelevante Erkrankung. Dieser wird nach Erfüllung definierter Voraussetzungen in Deutschland durch das Paul-Ehrlich-Institut zugelassen. Anschließend erfolgt eine Empfehlung der Impfung für bestimmte Personengruppen durch die Ständige Impfkommission (STIKO), die dem Robert-Koch-Institut angegliedert ist. Auf dieser Basis erfolgt die Festlegung von Richtlinien auf Bundesebene und die Planung einer mehr oder weniger offensiven Impfkampagne inklusive umfassender Information der Bevölkerung. Die tatsächliche Umsetzung erfolgt auf Länderebene unter Anleitung der jeweiligen Landesgesundheitsministerien. Durch die Empfehlung werden die privaten und gesetzlichen Krankenkassen in die Zahlungspflicht genommen, sodass Impfungen unkompliziert pauschal abgerechnet werden können. Gleichzeitig sichert die Empfehlung eine Gewährleistung für eine Entschädigung bei einem möglichen, aber seltenen Impfschaden. Die tatsächlich durchgeführten Impfungen werden an das Robert-Koch-Institut gemeldet, damit es stets in Kenntnis über die Impfquote und somit den messbaren Erfolg der Impfkampagne ist. Aufgetretene Komplikationen müssen an

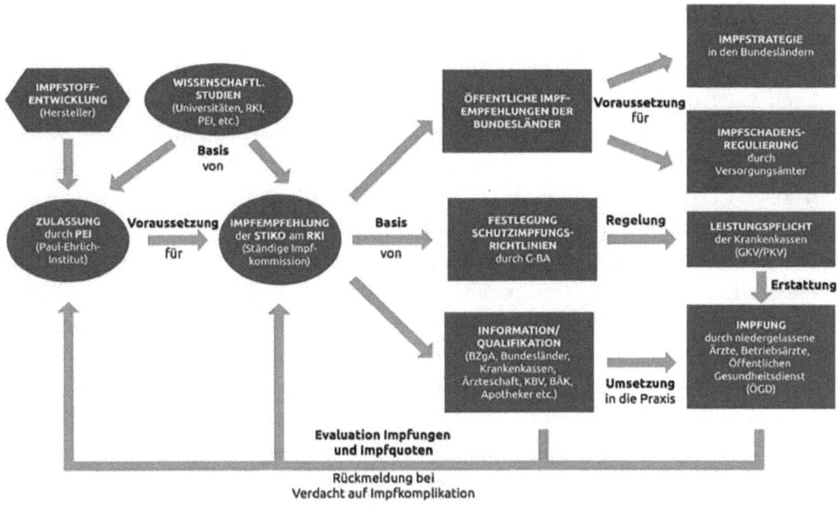

Abbildung 2.4 Organisation des Impfwesens in Deutschland. (Quelle: Nationale Lenkungsgruppe Impfen des bayerischen Landesamtes für Gesundheit und Lebensmittelsicherheit, 2023)

das Paul-Ehrlich-Institut zurückgemeldet werden. Aufgrund der zurückgemeldeten Informationen und Abgleich mit laufenden aktuellen Forschungsergebnissen können beide Institute ihre Empfehlungen stets aktualisieren und den Einfluss auf die Politik und damit die Impfkampagne an die aktuelle Situation angleichen. Im Folgenden sollen einige der in Abb. 2.4 genannten Akteure kurz charakterisiert werden:

1. Das Paul-Ehrlich-Institut (PEI) ist das deutsche Bundesinstitut für Impfstoffe und biomedizinische Arzneimittel und befindet sich im Geschäftsbereich des Bundesministeriums für Gesundheit. Es prüft und bewertet sowohl die Zulassung als auch Nutzen-Risiko-Verhältnis für jeden einzelnen Impfstoff.
2. Das Robert Koch-Institut (RKI) ist die biomedizinische Leitforschungseinrichtung der deutschen Bundesregierung und liegt ebenfalls im Geschäftsbereich des Bundesgesundheitsministeriums. Eine Hauptaufgabe ist die Überwachung und Prävention von Infektionskrankheiten in der Bevölkerung und die Kommunikation ihrer Analysen an die Regierung, an Akteure aus dem medizinischen Fachbereich und an die Bevölkerung.

3. Der Gemeinsame Bundesausschuss (G-BA) setzt sich zusammen aus der Kassenärztlichen Bundesvereinigung (KBV), der Kassenzahnärztlichen Bundesvereinigung (KZBV), dem GKV-Spitzenverband und der Deutschen Krankenhausgesellschaft (DKG) und bildet das höchste Beschlussgremium der gemeinsamen Selbstverwaltung der unterschiedlichen medizinischen Sektoren. Er bewertet den Nutzen, die Notwendigkeit und die Wirtschaftlichkeit medizinischer Leistungen und legt unter anderem Richtlinien für die Leistungen der gesetzlichen Krankenversicherungen bei Impfungen fest.
4. Die Bundeszentrale für gesundheitliche Aufklärung (BZgA) hat die Aufgabe, die Bevölkerung transparent und verständlich über Gesundheitsthemen aufzuklären. Dadurch soll insgesamt ein gesundheitsbewusstes Verhalten der Menschen gefördert werden.
5. Der Öffentliche Gesundheitsdienst (ÖGD) umfasst unterschiedliche Einrichtungen des öffentlichen Dienstes zum Thema Gesundheit. Hierzu gehören unter anderem Gesundheitsämter, Fachabteilungen für Gesundheit in den Landesregierungen, Landesbörden für Gesundheit und Gesundheitsministerien der Länder. Ihre Aufgaben liegen unter anderem im Gesundheitsschutz der Bevölkerung und der Aufsicht über das lokale Gesundheitswesen.

Eine Kernfunktion in diesem Komplex besitzt die STIKO, die an dieser Stelle kurz etwas genauer beleuchtet werden soll. Die STIKO ist ein unabhängiges Gremium aus 12 bis 18 ehrenamtlichen Experten, die dem RKI angegliedert ist. Die Mitglieder werden im Dreijahresrhythmus vom Bundesministerium für Gesundheit berufen und kommen aus verschiedenen Bereichen von Wissenschaft und Forschung, dem öffentlichen Gesundheitsdienst oder der niedergelassenen Ärzteschaft. Die Aufgabe der STIKO liegt in der Entwicklung von Impfempfehlungen für die Bevölkerung in Deutschland. Eine Zulassung eines bestimmten Impfstoffes, die in Deutschland durch das PEI erfolgt, basiert allein auf dessen Wirksamkeit, Unbedenklichkeit und der pharmazeutischen Qualität. Die Empfehlung der STIKO hingegen beruht auf dem Verhältnis von Nutzen und Risiko. Dabei wird sowohl das einzelne Individuum als auch die Gesamtgesellschaft berücksichtigt. Auf diese Weise erarbeitet die Kommission eine Strategie für den sinnvollen Einsatz eines bestimmten Impfstoffes. Dabei beruft sie sich auf eine umfangreiche Analyse verfügbarer internationaler Studien. Die STIKO besteht bereits seit 1972 und wurde 2001 im Infektionsschutzgesetz verankert. Seit 2007 stellen die Empfehlungen der STIKO eine verbindliche Grundlage für die Impfstrategien dar, die im Gemeinsamen Bundesausschuss erarbeitet werden. Eine von der STIKO empfohlene Impfung wird dadurch direkt in den Katalog der Pflichtleistungen der gesetzlichen Krankenkassen aufgenommen. Sie gelten als medizinischer Standard für Impfungen in Deutschland. Zwar haben die Empfehlungen der STIKO keine unmittelbare rechtliche Wirkung, aber die obersten Gesundheitsbehörden der Länder müssen sich nach ihnen richten (Robert Koch-Institut, 2023):

> *„Die obersten Landesgesundheitsbehörden sollen öffentliche Empfehlungen für Schutzimpfungen oder andere Maßnahmen der spezifischen Prophylaxe auf der Grundlage der jeweiligen Empfehlungen der Ständigen Impfkommission aussprechen."* (§ 20 Abs. 3 IfSG (Infektionsschutzgesetz, letzte Änderung: 17.07.2023))

2.2.2 Aktuell empfohlene Impfungen in Deutschland

In der Regel veröffentlicht die ständige Impfkommission (STIKO) ihre Impfempfehlungen einmal im Jahr in einer aktualisierten Version. Zum jetzigen Zeitpunkt empfiehlt die STIKO Impfungen gegen insgesamt 26 Infektionskrankheiten. Dabei unterscheidet sie zwischen verschiedenen Kategorien von Impfungen. Zu den Standardimpfungen zählen aktuell Impfungen gegen 16 unterschiedliche Erreger. Diese Impfungen sind grundsätzlich für jeden empfohlen, wobei die STIKO in einem Impfkalender übersichtlich darstellt, in welchem Alter eine Grundimmunisierung und mögliche Auffrischungen durchgeführt werden sollten. Die Grundimmunisierung erfolgt in der Regel im Kindesalter, kann aber grundsätzlich in jedem Alter nachgeholt werden, falls sie nicht durchgeführt worden ist. Die aktuellen Standardimpfungen in Deutschland sind (STIKO, 2025):

1. Rotaviren (2 Impfdosen im Säuglingsalter)
2. Tetanus (3 Impfdosen, empfohlen im Kleinkindalter, 1 Auffrischung nach 5 Jahren, danach Auffrischung alle 10 Jahre)
3. Diphterie (3 Impfdosen, empfohlen im Kleinkindalter, 1 Auffrischung nach 5 Jahren, danach Auffrischung alle 10 Jahre)
4. Pertussis (3 Impfdosen, empfohlen im Kleinkindalter, 1 Auffrischung nach 5 Jahren, danach Auffrischung alle 10 Jahre)
5. Haemophilus influenzae Typ b (Hib) (3 Impfdosen, empfohlen im Kleinkindalter)
6. Poliomyelitis (3 Impfdosen, empfohlen im Kleinkindalter, einmalige Auffrischung nach 15 Jahren)
7. Hepatitis B (3 Impfdosen, empfohlen im Kleinkindalter)
8. Pneumokokken (3 Impfdosen, empfohlen im Kleinkindalter)
9. Meningokokken (1 Impfdosis, empfohlen im Kleinkindalter)

10. Masern (2 Impfdosen, empfohlen im Kleinkindalter)
11. Mumps (2 Impfdosen, empfohlen im Kleinkindalter)
12. Röteln (2 Impfdosen, empfohlen im Kleinkindalter)
13. Windpocken (2 Impfdosen, empfohlen im Kleinkindalter)
14. Humane Papillomviren (HPV; für Mädchen und Jungen ab 14 Jahren)
15. Herpes Zoster (2 Impfdosen im Abstand von 2–6 Monaten, empfohlen ab 60 Jahren)
16. Grippe (jährlich, empfohlen ab 60 Jahren)
17. COVID-19 (jährlich, empfohlen ab 60 Jahren)
18. Respiratorische Synzytial Viren (ab 75 Jahren; einmalig)

Die Standardimpfungen im Kindesalter werden standardmäßig im Zuge der festgelegten Kindervorsorgeuntersuchungen durch den behandelnden Kinderarzt vorgenommen. Sollte eine Grundimmunisierung im Kindesalter nicht stattgefunden haben, kann sie jederzeit unter Einhaltung der erforderten Impfabstände nachgeholt werden.

Neben den Standardimpfungen, die grundsätzlich für alle Menschen gelten, empfiehlt die STIKO zusätzliche Indikationsimpfungen für bestimmte Personengruppen. Sie sind nicht für jeden erforderlich, sondern nur für Menschen, die einem erhöhten Risiko für eine Erkrankung ausgesetzt sind, bei denen das Risiko von Komplikationen größer ist oder die mit Dritten in Kontakt kommen, die besonders schutzbedürftig sind. Dabei wird unterschieden zwischen nicht arbeitsbedingtem und arbeitsbedingtem erhöhtem Risiko. Bei Letzterem fällt eine Impfung gegebenenfalls unter das Arbeitsschutzgesetz. Dabei kann es sich auch um Infektionskrankheiten handeln, die in Deutschland normalerweise nicht vorkommen. Dies gilt unter anderem für Mitarbeiten in medizinischen Tropeninstituten oder entsprechenden Forschungseinrichtungen. Zuletzt empfiehlt die STIKO Indikationsimpfungen für Reisen, wenn ein Reiseziel als Risikogebiet für eine bestimmte Erkrankung definiert ist. Insgesamt fallen in die Kategorie der Indikationsimpfung somit zusätzlich die folgenden 11 Erkrankungen (Robert Koch-Institut, 2022, S. 8–14):

19. Cholera
20. Frühsommer-Meningoenzephalitis (FSME)
21. Dengue
22. Gelbfieber
23. Hepatitis A
24. Herpes Zoster bei unter 60-Jährigen
25. Influenza bei unter 60-Jährigen

26. Japanische Enzephalitis
27. Mpox und andere Orthopocken
28. Tollwut
29. Tuberkulose
30. Typhus

Wenn Standardimpfungen im Kindesalter nicht durchgeführt worden sind, können sie zur dringenden Indikationsimpfungen im Erwachsenenalter werden. Dies gilt zum Beispiel für die Impfung gegen Masern bei Menschen, die im Schulbetrieb arbeiten oder die Impfung gegen Röteln für nicht-immunisierte Frauen mit Kinderwunsch. Hier gilt es, das individuelle Risiko abzuschätzen oder Arbeitssicherheitsrichtlinien einzuhalten. Die Einhaltung der Impfempfehlungen der STIKO obliegt außerhalb von Regelungen zur Arbeitssicherheit allein der Eigenverantwortung. Als Anreiz für ein gesundheitsbewusstes und präventives Verhalten bieten viele Krankenkassen Bonusprogramme an, bei denen auch Impfungen durch ein Punktesystem belohnt werden. Tendenziell zeigt sich allerdings, dass solche Programme eher die Menschen erreichen, die eigentlich keinen Anreiz zu einer Verhaltensänderung benötigen würden (Knaack et al., 2008).

2.3 Rolle von Apotheken für Impfprogramme

Apotheken sind gesetzlich dazu verpflichtet, eine ordnungsgemäße Versorgung der Bevölkerung mit Arzneimitteln sicherzustellen (§1 ApoG; letzte Änderung: 20.12.2022). Diese Aufgabe erfüllen sie auch für Impfstoffe. Die Lagerung und der Transport von Impfstoffen erfordert dabei besondere Anforderungen, die von einer Apotheke erfüllt werden müssen (z. B. durchgängige Kühlkette). Impfstoffe werden bei Apotheken per Rezept von Ärzten bestellt und in entsprechender Menge an die Arztpraxen ausgeliefert. Bisher lag die Hauptaufgabe von Apotheken bei Impfprogrammen somit in der Bestellung, Lagerung und Verteilung von Impfstoffen an Ärzte, die sie den Patienten schließlich injizieren. Zusätzlich dazu beteiligen sich Apotheken an Aktionen der Bundeszentrale für gesundheitliche Aufklärung (BZgA), wenn diese zu bestimmten Impfungen aufruft oder darüber informiert. Sie unterstützen außerdem ihre Kunden bei Fragen zu den unterschiedlichen Impfungen und können nach Sichtung des Impfausweises Beratungen zu möglichen Impfungen durchführen. Selbst impfen durften sie bisher nicht (Bundesvereinigung Deutscher Apothekerverbände, 2022).

Bereits seit einigen Jahren wird allerdings darüber diskutiert, ob eine Erweiterung des öffentlichen Impfangebotes durch Apotheken in Erwägung gezogen werden sollte. Hauptindikation für diesen Gedanken ist eine immer noch viel zu niedrige Impfquote in der Allgemeinbevölkerung. Dies gilt insbesondere für die Impfung gegen Influenza, die jährlich aufgefrischt werden sollte. Die wichtigsten Vorteile im Einbezug von Apotheken in das Impfprogramm lassen sich nach Bauer & May folgendermaßen zusammenfassen (Bauer & May, 2021, S. 5–8):

1. Durch ihr flächendeckendes Netzwerk und großzügige Öffnungszeiten bieten Apotheken einen niederschwelligen Zugang zu Impfangeboten. Tatsächlich ist besonders auf dem Lande die Versorgung mit Apotheken oftmals besser als die mit Hausärzten, sodass eine ländlich gelegene Apotheke der einzige direkte Zugang zur öffentlichen Gesundheitsversorgung darstellt. Dadurch, dass sowohl Beratung als auch Dienstleistungsangebote der Apotheken dem Kunden grundsätzlich kostenfrei zur Verfügung stehen, stehen dem Kunden neben räumlichen und zeitlichen auch keine finanziellen Hürden im Weg. Das Vertrauen der Bevölkerung in Apotheken ist sehr hoch und es ist anzunehmen, dass auch Anteile der Bevölkerung mit Impfungen versorgt werden können, die kein solides Vertrauen zu einem Arzt haben.
2. Apotheker verfügen über eine medizinische Expertise, die es zu nutzen gilt. Die medizinischen Kenntnisse von Pharmazeuten sind sehr komplex, sodass es ihnen fachlich zuzutrauen ist, auch Impfungen nach medizinischem Standard durchzuführen. Ebenso bieten Apotheken sachliche und räumliche Kapazitäten, deren Nutzung die Effizienz der ambulanten Gesundheitsversorgung maßgeblich verbessern kann.

   Insgesamt gilt es also, das vorhandene Potenzial bestmöglich zu nutzen und in bestehende Impfprogramme zu integrieren, um deren Erfolg zu steigern.
3. Allein die Tatsache, dass Impfungen in Apotheken möglich sind, erhöht sowohl die Aufmerksamkeit der Öffentlichkeit als auch das Anerkennen der Wichtigkeit von Impfungen. Dadurch könnte ebenso die Impfrate in den Arztpraxen gesteigert werden. Dies verdeutlicht, dass ein Impfangebot in Apotheken nicht als Konkurrenz zum Angebot in Arztpraxen verstanden werden sollte, sondern als Kooperation. Am Ende verfolgen Mediziner und Pharmazeuten dasselbe Ziel: Eine Steigerung der Impfquote.

Optimalerweise lassen sich somit die Impfquoten spürbar erhöhen. Gleichzeitig geht eine gesteigerte Immunität der Bevölkerung einher mit einer geringeren Krankheitslast z. B. durch eine saisonale Grippe. Aus gesundheitsökonomischer Sicht ist es daher dringend geboten, der Bevölkerung diesen Zugang zu Impfungen zu ermöglichen.

Dr. med. Wolf Andreas Fach, Präsidiumsmitglied der Landesärztekammer Hessen, Berufsverband Deutscher Internisten e. V. und Vorsitzender des Landesverbandes Hessen, fasst dagegen mögliche Nachteile oder Risiken bei Impfungen in Apotheken zusammen (Fach, 2020):

1. Eine korrekt durchgeführte Impfung ist nur dann möglich, wenn komplexe medizinische Sachverhalte abgewogen und einbezogen werden. Hierbei spielen Vorerkrankungen, Allergien, sonstige Medikation und die aktuelle Impfnotwendigkeit des individuellen Patienten eine entscheidende Rolle. Ein derart komplexes medizinisches Fachwissen ist allerdings nicht Bestandteil eines pharmazeutischen Studiums und sei nach Auffassung von Dr. Fach nicht in einer kurzen Weiterbildung aufzuholen.
2. Bei seltenen schweren Komplikationen wie Allergien oder vagalen Reaktionen müssen schnellstmöglich Medikamente verabreicht werden und am Ende doch ein Arzt hinzugezogen werden. So sei es doch deutlich sicherer, wenn die Impfung direkt von einem Arzt durchgeführt werden würde.

Insgesamt kommt Dr. Fach zu dem Schluss, dass ausschließlich impferfahrene Mediziner impfen sollten. Hierzu gehören in erster Linie Kinder- und Jugendärzte, hausärztliche Internisten, Allgemeinmediziner, Gynäkologen und Urologen. Sie sollten durch eine Vereinfachung von Abläufen und Entlastung bei der Dokumentation gezielt unterstützt werden.

Ungeachtet von den Vor- und Nachteilen der unterschiedlichen Akteure aus den medizinischen Sektoren liegen bereits seit Jahren Studien vor, die sich mit Modellen zu Impfungen in Apotheken befassen. So konnte beispielsweise in einer Modellrechnung aus dem Jahr 2018 geschlussfolgert werden, dass ein Einbezug der Apotheken in akut notwendige Masseimpfungen im Rahmen einer möglichen Grippe-Epidemie nicht nur die Impfquote erhöht und damit potenziell 23,7 Millionen US-Amerikaner vor schweren Grippesymptomen bewahrt, sondern, dass auch etwa 2,8 Milliarden US-Dollar für die Kostenträger und 99,8 Milliarden US-Dollar für die Gesellschaft eingespart werden können. Alleine aus dieser Argumentation heraus spräche nichts gegen eine Impfung in Apotheken (Bartsch et al., 2018).

2.3.1 Modellvorhaben für Impfungen in Apotheken

Nach reiflicher Abwägung der Vor- und Nachteile, entschied sich die deutsche Bundesregierung allerdings dazu, Möglichkeiten der Impfung in Apotheken in die Wege zu leiten. Im Jahr 2019 startete die sogenannte Apothekenreformdiskussion. Nach einem ähnlichen Verfahren wie in verschiedenen Nachbarländern (u. a. Frankreich und Schweiz), sollte es ermöglicht werden, dass auch in Deutschland bestimmte Impfungen in Apotheken durchgeführt werden können. Hierbei ging es zunächst in erster Linie um die jährlich notwendige Grippeimpfung. Die grundlegende Idee hinter diesem Plan liegt in einer Schaffung eines niederschwelligen Impfangebotes für Patienten zur Steigerung der allgemeinen Impfquote. Gleichzeitig könnten Ärzte während der Impfperiode entlastet werden. Zunächst war es vorgesehen, diese Regelung im Vor-Ort-Apotheken-Stärkungsgesetz zu verankern, allerdings kam es aufgrund von verzögerten Abstimmungen mit der EU-Kommission zu Problemen. Um die Regelung aber schnellstmöglich gesetzlich zu verankern, wurde sie am 14.11.2019 kurzfristig in das Masernschutzgesetz aufgenommen, das am 1.3.2020 in Kraft getreten ist.

Es sieht für Apotheken unter anderem vor, Modellversuche für Impfungen gegen Influenza zu starten. Diese Modellversuche sollen dann ausgewertet werden, um zu eruieren, ob ein messbar positiver Effekt durch Impfungen in Apotheken festzustellen ist. Für solche Modellversuche muss ein Vertrag zwischen den Krankenkassen und einzelnen Apotheken oder Apothekenverbänden abgeschlossen werden (Rohrer, 2019).

Da die Durchführung von Impfungen bislang in einem Pharmaziestudium nicht thematisiert werden, sind spezielle Schulungen für impfende Apotheker notwendig. Ein Curriculum hierfür sowie diverse Materialien für die fachliche Umsetzung wurden von der Bundesapothekerkammer (BAK) entwickelt. Die spezielle Schulung zur Durchführung von Grippeimpfungen durch Apotheker besteht aus einem Theorie- und einem Praxisteil und wird von einem Arzt durchgeführt. In dem theoretischen Teil geht es in erster Linie um die Erkrankung, verschiedene Arten von Impfstoffen, mögliche Impfreaktionen, Wechselwirkungen und Kontraindikationen. Der praktische Teil der Schulung kann erst nach erfolgreicher Teilnahme der theoretischen Schulung durchgeführt werden. Hier geht es u. a. um die Durchführung der Injektion und der korrekten Bestimmung der Injektionsstelle am Oberarm. Neben den fachlichen Erfordernissen an den approbierten Apotheker, sind auch bestimmte räumliche und formale Voraussetzungen zu erfüllen, wenn eine Apotheke am Modellvorhaben zur Grippeimpfung teilnehmen möchte. Diese Voraussetzungen dienen in erster Linie der Qualitätssicherung der Impfung, einer adäquaten Dokumentation und dem Schutz des Patienten.

Die BAK fasst die Leitlinien zur Qualitätssicherung von Grippeschutzimpfungen in öffentlichen Apotheken wie folgt zusammen (BAK, 2021):

1. **Formale Voraussetzungen:**
   - Teilnahme am Modellvorhaben
   - Qualifizierung des Apothekers
   - Räumliche und sächliche Ausstattung
   - Patient ist mindestens 18 Jahre alt und krankenversichert
   - Die betreffende Krankenversicherung nimmt ebenfalls am Modellvorhaben teil.
2. **Räumliche Voraussetzungen:**
   - separater Raum zum Schutz der Privatsphäre des Patienten
   - Sitzmöglichkeit und eine Liege müssen vorhanden sein
   - Desinfektionsmittel, Einmalhandschuhe, Kanülen und Wundschnellverband muss vorrätig sein
   - spezielle Entsorgungsbehälter
   - Aufklärungsbögen, Dokumentationsbögen, Fachinformationen müssen vorliegen
3. **Impfstoff**
   - Es darf ausschließlich der von der STIKO empfohlene Impfstoff verwendet werden.
   - Lagerungshinweise des Herstellers sind zu beachten
   - Verwechselung muss vermieden werden
4. **Gespräch mit Patienten**
   - Beurteilung der Eignung für die Impfung (Kontraindikationen ausschließen)
   - Aufklärungsgespräch
   - Einverständniserklärung einholen
5. **Hygienemaßnahmen und Arbeitsschutz**
   - Schutzkittel und Einmalhandschuhe
   - Hygieneplan für den Impfraum
   - Apotheker sollte gegen Hepatitis B geimpft sein
6. **Vorbereitung und Durchführung der Impfung**
   - Impfstoff bis kurz vor Injektion kühlen und einer letzten Sichtprüfung unterziehen
   - Auswahl der Impfstelle und gründliche Hautdesinfektion
   - Impfung erfolgt intramuskulär in den Musculus deltoideus
   - Patient sollte anschließend 15 Minuten liegen oder sitzen bleiben
   - Dokumentation in den Impfausweis und ggf. Ausstellen eines Impfnachweises

7. **Bei auftretenden Komplikationen**
   - Bei selten auftretende Anaphylaxien nach einer Grippeimpfung ist ein Notarzt zu rufen und Erste-Hilfe-Maßnahmen sind zu ergreifen.
   - Meldung von unerwünschten Arzneimittelwirkungen an die Arzneimittelkommission der Deutschen Apotheker (AMK)

Neben diesen formalen Voraussetzungen ist die Haftungsfrage, die bis dato keine besondere Rolle gespielt hat, ein wesentlicher Aspekt für teilnehmende Apotheker. Da es sich bei einer Impfung um eine Injektion und damit juristisch um eine Körperverletzung handelt, muss die Haftungsfrage sicher geklärt sein. Auch aus diesem Grunde ist eine schriftliche Einverständniserklärung des Patienten unbedingt erforderlich, denn somit bleibt die Handlung straffrei. Entscheidend für das Einverständnis des Patienten ist die Aufklärungsqualität. Da Ärzte und Apotheker dieselbe Handlung ausführen, muss auch die Aufklärung identisch sein. Bei Ärzten gilt bei einem Schadensfall die Beweislastumkehr. Das bedeutet, dass bei beweisrechtlichen Fragen bei einem potenziellen groben Fehler die Behandelnden im Falle beweisen müssen, dass der Patientenschaden nicht durch ihr Handeln verursacht wurde. Diese Regelung wird in Zukunft auch für Apotheker gelten müssen. Andernfalls würde durch den Gesetzgeber anerkannt, dass Apotheker nicht auf demselben Niveau impfen können wie Ärzte und die Versorgungsqualität sich unterscheidet. Das könnte als Akzeptanz, wenn nicht sogar als effektive Schaffung einer Zwei-Klassen-Medizin verstanden werden, die nach gesellschaftlichem Konsens hierzulande strikt abgelehnt wird (Efferts, 2021).

Im Januar 2022 nahmen bundesweit acht Apothekerverbände in Baden-Württemberg, Berlin, Bayern, Niedersachsen, NRW, Rheinland-Pfalz und dem Saarland an dem Modellvorhaben zur Grippeimpfung teil. Da die Region Nordrhein mit als erste mit dem Modellvorhaben gestartet ist, liegen hier bereits erste Ergebnisse aus der Evaluation vor.

Dieses zeigt ein durchweg positives Zwischenfazit nach der ersten Impfsaison. Wie der Apothekerverband Nordrhein in seinem Geschäftsbericht 2020/2021 berichtet, wurde die These, dass sich Menschen in Apotheken gegen Grippe impfen lassen, die sonst nicht zu einer Impfung gegangen wären, bestätigt. Die Geimpften seien ferner mit dem Angebot sehr zufrieden gewesen und würden sich zu einem Großteil in der kommenden Saison wieder in ihrer Apotheke impfen lassen (Apothekerverband Nordrhein e. V., 2022).

Dieses positive Zwischenfazit lässt nicht nur in Hinblick auf die Grippeimpfung in Apotheken positiv in die Zukunft blicken, sondern stimmt auch optimistisch für ein zweites aktuelles Impfprojekt in Apotheken. Im Dezember 2021 haben sich Bund und Länder darauf geeinigt, dass Apotheken am

Impfvorhaben gegen COVID-19 teilnehmen können. Tatsächlich konnten erste Impfungen gegen COVID-19 ab dem 8.2.2022 in Apotheken durchgeführt werden. Die Voraussetzungen für die Durchführung dieser Impfung sind mit denen der Grippeschutzimpfung vergleichbar. Eine separate Fortbildung für theoretisches Hintergrundwissen um die COVID-19-Erkrankung und -Impfung ist obligat und wird seit Anfang Januar 2022 für interessierte Apotheker angeboten. Auch hierfür hat die BAK ein spezielles Curriculum erstellt, das von Medizinern durchgeführt wird (Bundesvereinigung Deutscher Apothekerverbände, 2022b).

Obwohl die ersten Zwischenergebnisse aus dem Modellprojekt positiv stimmen lassen, wird die Kritik aus den Reihen der Ärzteschaft nicht leiser. So sprachen sich die Bundesärztekammer (BÄK), die Kassenärztliche Bundesvereinigung (KBV), der Hausärzteverband sowie der Spitzenverband Fachärzte Deutschlands (Spifa) nochmals im April 2022 deutlich gegen eine Übertragung des Impfrechtes auf nicht-ärztliche Professionen aus. Sie sehen die Qualität der Impfung als medizinische Leistung gefährdet. Zudem wiesen sie darauf hin, dass die knapp 18.000 in Deutschland ansässigen Apotheken wohl nicht in der Lage sein werden, den Anforderungen gerecht zu werden, die bisher von 160.000 Ärzten getragen werden. Zumal außerdem davon auszugehen sei, dass ein nicht unerheblicher Anteil der Apotheken die notwendigen Voraussetzungen zum Impfen nicht erfüllen kann oder möchte. Der BÄK-Präsident Klaus Reinhardt kommt somit zu dem Schluss, dass weniger eine Entlastung der Ärzte die Impfquote erhöhen kann, sondern vielmehr gezielte Informationskampagnen und eine Aufklärung der Bevölkerung über die Wichtigkeit der Impfung (Bartholomäus & Haserück, 2022).

2.3.2 Die Grippeimpfung als Regelleistung in deutschen Apotheken

Entgegen den beschriebenen Bedenken wurde die Grippeimpfung ab der Grippesaison 2022/23 in das Leistungsspektrum der Apotheken aufgenommen. So ist einer Pressemitteilung der Bundesvereinigung Deutscher Apothekerverbände (ABDA) vom 02. November 2022 zu entnehmen, dass Apotheken nun neben COVID-19-Impfungen auch Grippeschutzimpfungen bundesweit anbieten können, wenn die entsprechenden Voraussetzungen erfüllt sind (Bundesvereinigung Deutscher Apothekerverbände, 2022c). Die gesetzliche Grundlage hierfür ergab sich aus dem sogenannten Pflegebonusgesetz, das Ende Juni 2022 in Kraft getreten ist und das die Durchführung von Grippeschutzimpfungen in öffentlichen Apotheken in die Regelversorgung integrierte. Gemäß § 20c des Infektionsschutzgesetzes dürfen Apotheken seither Personen ab dem vollendeten 18. Lebensjahr

Grippeschutzimpfungen anbieten. Zuvor war dies lediglich im Rahmen von regionalen Modellprojekten (siehe Abschnitt 2.3.1) möglich. Laut einer repräsentativen Umfrage des Deutschen Apothekerverbandes (DAV) aus dem Spätsommer 2022 planen rund 36,0 Prozent aller Apothekeninhaberinnen und -inhaber, eine Grippeschutzimpfung anzubieten. Bereits im Frühjahr wurden über 7.000 Apothekerinnen und Apotheker für das Impfen in Apotheken geschult. Aktuell finden weitere Schulungen im gesamten Bundesgebiet statt. Das Paul-Ehrlich-Institut hatte zum November 2022 bereits 27,5 Millionen Grippe-Impfdosen freigegeben (Bundesvereinigung Deutscher Apothekerverbände, 2022b).

Es ist wichtig zu betonen, dass die deutsche Apothekenlandschaft aus unabhängigen Einzelunternehmen besteht. Diese Apotheken haben die Autonomie, eigenständig zu entscheiden, welche (zusätzlichen) Leistungen sie anbieten möchten, darunter auch das Impfen. Diese unternehmerische Freiheit prägt maßgeblich die Umsetzung und Akzeptanz der Grippeimpfung als Regelleistung und stellt ein charakteristisches Merkmal des deutschen Apothekenmarktes dar, das es zu berücksichtigen gilt. Diese Autonomie bedeutet, dass nicht alle Apotheken zwangsläufig diesen Service anbieten werden, und dass Kunden gegebenenfalls nach Apotheken suchen müssen, die diese Leistung anbieten. Die Entscheidung der ABDA, die Grippeimpfung als Regelleistung in deutschen Apotheken zu etablieren, markiert einen bedeutenden Meilenstein in der öffentlichen Gesundheitsversorgung. So wird in der oben genannten Pressemitteilung der ABDA betont, dass diese Initiative die flächendeckende Verfügbarkeit von Impfungen erweitert und somit einen *„wesentlichen Beitrag zur Prävention von Infektionskrankheiten darstellt“* (Bundesvereinigung Deutscher Apothekerverbände, 2022c). Tatsächlich konnte das Deutsche Arzneiprüfungsinstitut (DAPI) bereits den ersten Erfolg der Einführung der Grippeimpfung in die Regelleistung von Apotheken unterstreichen. So gab das DAPI am 1.9.2023 in einer Pressemeldung bekannt, dass in der Grippesaison 22/23 bundesweit insgesamt 62.700 Grippeimpfungen in Apotheken durchgeführt wurden. Diese Zahl konnte es anhand der festgelegten Sonderkennzeichen für die Abrechnungen der Grippeschutzimpfungen in Apotheken zu Lasten der Gesetzlichen Krankenversicherung in seiner Datenbank identifizieren. Eine Auswertung von Mai 2023 ergab demnach, dass insgesamt bundesweit 62.700 Impfungen abgerechnet wurden, was durchschnittlich 3,5 Impfungen pro Apotheke entspricht. Dabei wurden in Berlin im Durchschnitt die meisten Grippeimpfungen pro Apotheke durchgeführt, nämlich 9,9. An zweiter Stelle folgten die Regionen Nordrhein-Westfalen mit 5,9 Impfungen pro Apotheke und das Saarland mit 4,0 (Deutsches Arzneiprüfungsinstitut, 2023).

2.4 Apothekenimpfungen im internationalen Vergleich

In mindestens 23 Ländern weltweit ist es rechtlich möglich, Impfungen gegen Grippe in Apotheken durchzuführen (siehe Abb. 2.5). Das Ziel ist überall das gleiche: Eine Erhöhung der Impfquote. Dies klappt in einigen Ländern bereits so gut, dass die Grippeimpfung in Apotheken als „europäische Erfolgsgeschichte“ bezeichnet wurde (Blasius & Rohrer, 2020). Während in Deutschland noch gestritten wird, zeigen Länder wie die Schweiz, Frankreich oder das Vereinigte Königreich bereits heute, welches Potential in Apothekenimpfungen steckt.

Doch nicht nur in Europa, sondern weltweit zeigt sich, welchen starken Einfluss motivierte Pharmazeuten ausüben, wenn sie in nationale Impfkampagnen aktiv eingebunden werden. Denn in einem Großteil dieser Länder waren es die Apotheker selbst, die sich ins Spiel brachten, um die Bevölkerung insgesamt besser mit Impfungen versorgen zu können. Der Schwerpunkt dieser Leistungen liegt auf Auffrischungsimpfungen (Booster), die regelmäßig erneuert werden müssen. Hierzu gehören neben der Grippeimpfung auch Impfungen gegen Covid-19, Diphtherie, Tetanus, Pertussis oder Meningokokken. Ein wesentlicher Faktor für den Erfolg ist die Art der Finanzierung. In einigen Ländern müssen die Impfungen durch die Bürger selbst getragen werden, in anderen übernimmt der Staat die Kosten.

2.4.1 Modelle in fünf ausgewählten Ländern

Bereits im November 2018 haben die wissenschaftlichen Dienste des Deutschen Bundestages dem Fachbereich für Gesundheit, Familie, Senioren, Frauen und Jugend ihren Abschlussbericht vorgelegt, in dem Sie die Rechtsgrundlagen und Erfahrungen in einigen ausgewählten Ländern zusammenfassen, in denen Impfungen durch Apotheker, Hebammen oder Pflegepersonal durchgeführt werden. Hierbei ging es in erster Linie um Maßnahmen, die in einigen ausgewählten Ländern getroffen wurden, um die Impfquote insbesondere bei Influenza zu erhöhen. Zur Analyse gehörte auch das Zusammentragen von ersten Erfahrungswerten, um den Erfolg dieser Maßnahmen einschätzen zu können.

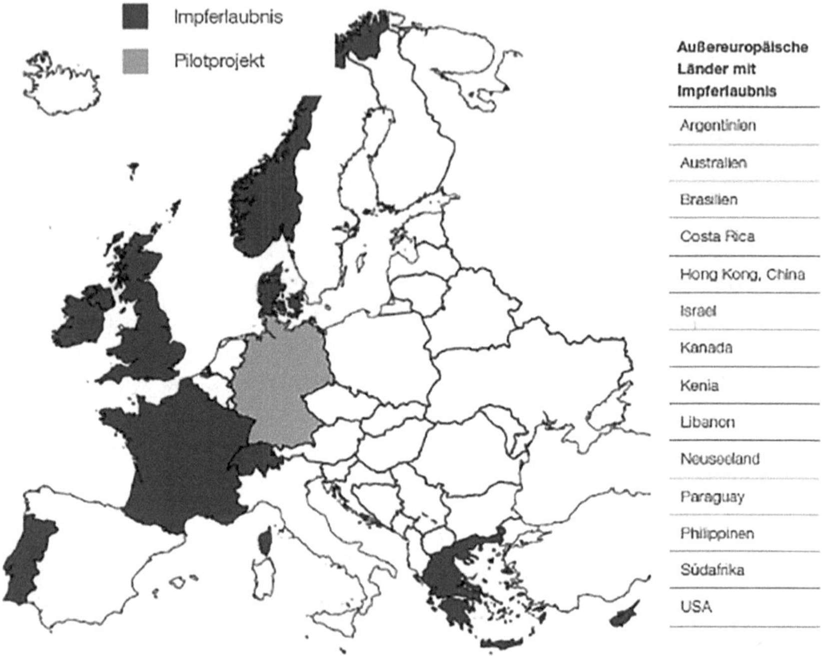

Abbildung 2.5 Länder, in denen in öffentlichen Apotheken geimpft werden darf. (Quelle: Bundesvereinigung Deutscher Apothekerverbände, 2022a)

Anlass für diese Analyse war ein Bericht des European Centre for Disease Prevention and Control (ECDC) zum Status der Grippeschutzimpfungen aus dem Jahr 2016. Daraus ging hervor, dass, bezogen auf die Grippesaisons 2013/2014 und die Saison 2014/2015, innerhalb der EU die Zielvorgaben für die Impfquoten zu einem absoluten Großteil nicht erreicht wurden. Demnach sollten mindestens 75 Prozent der älteren Bevölkerung (über 50 Jahre) gegen Grippe geimpft sein. Dieses Ziel wurde allerdings nur im Vereinigten Königreich erreicht. Alle anderen EU-Mitgliedstaaten lagen zum Teil sogar weit darunter. In Deutschland lag die Quote in diesen beiden Jahren bei 38,1 und 36,7 Prozent (siehe Abb. 2.6) (ECDC, 2016, S. 11 + S. 29).

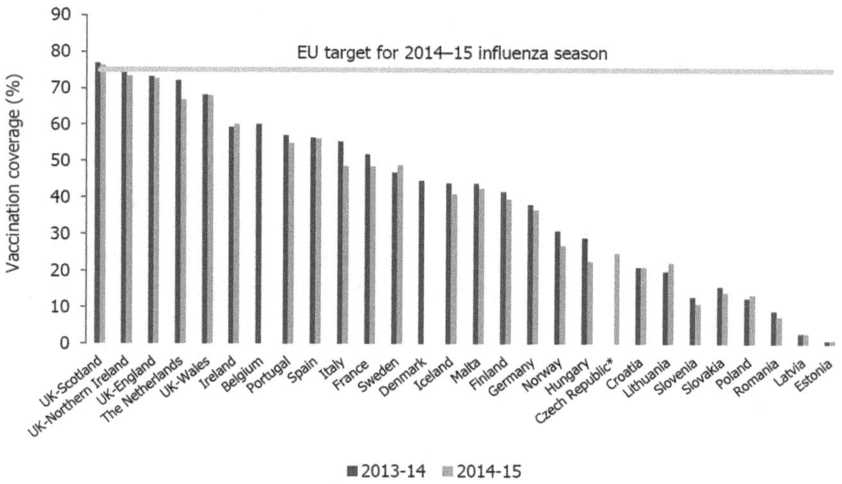

Abbildung 2.6 Impfquote gegen Influenza in den Jahren 2013/14 und 2014/15 im europäischen Vergleich. (Quelle: ECDC, 2016, S. 11)

Zusammenfassend zeigen die Ergebnisse des ECDC, dass es eine „bemerkenswerte Diskrepanz" („notable discrepancy") zwischen den Empfehlungen und dessen Umsetzung gibt und dies, obwohl der gemeinsame Konsens zu einer Impfquote von 75 % besteht. Der allgemeine Ratschlag an sämtliche EU-Staaten war daraufhin, die aktuell im jeweiligen Land üblichen Impfkonzepte zu überdenken und gegebenenfalls neue Ansätze zu entwickeln (ECDC, 2016, S. 2).

Eine Auswahl der von den wissenschaftlichen Diensten zusammengestellten und an den Bundestag übergebenen Daten soll an dieser Stelle kurz präsentiert werden, um darzustellen, wie unterschiedliche Länder mit der Herausforderung, die durch die WHO empfohlenen Impfquoten zu erfüllen, verfahren und welche Rolle Apotheken dabei spielen (Deutscher Bundestag, 2018, S. 6 f.):

1. Frankreich

Wie aus Abbildung 2.5 hervorgeht, gehört Frankreich zu den Ländern innerhalb der EU, in denen es Apothekern gestattet ist, Impfungen durchzuführen. Das Gesundheitsgesetz (frz: *Code de la Santé Publique*) hatte bereits im Jahr 2015 das Impfrecht für Apotheker eingeführt. Allerdings wurde diese Regelung zunächst wieder zurückgezogen, nachdem es landesweite Streiks durch Ärzte gab, bei denen teilweise 70–80 Prozent aller Arztpraxen zeitweilig geschlossen blieben (de Bousingen, 2014). Nach langen Einigungsversuchen wurde im Jahr 2017 schließlich ein Pilotprojekt ins Leben gerufen, an dem zwei Regionen Frankreichs beteiligt waren. So durften in den Departements Auvergne-Rhône-Alpes und Nouvelle-Aquitaine Grippeimpfungen in Apotheken durchgeführt werden. Das wurde mit der niedrigen Impfquote begründet, die das ECDC im Jahr 2016 für Frankreich attestierte (siehe Abb. 2.6). Im Herbst 2018 wurden aufgrund der durchweg positiven Resonanz zwei weitere Regionen, l'Occitanie und les Hauts-de-France, für das Pilotprojekt zugelassen. Seit dem Jahr 2019 darf nun schließlich doch in ganz Frankreich in Apotheken geimpft werden. Hierfür benötigt der jeweilige Apotheker eine spezielle Weiterbildung, eine Einverständniserklärung vom Patienten und eine digitalisierte Übermittlung der Impfnotwendigkeit durch den behandelnden Hausarzt. Im Jahr 2020 lag die Impfquote für Influenza bei den über 65-Jährigen in Frankreich bereits bei 59,9 Prozent.

2. Vereinigtes Königreich

In der oben genannten Erhebung des ECDC war das Vereinigte Königreich das einzige EU-Land, das die erstrebten Impfquoten gegen Influenza im untersuchten Zeitraum erreicht hat. Hier ist die Grippeimpfung in Apotheken schon seit über 10 Jahren möglich und es gibt ein breites Angebot an teilweise verpflichtenden Weiterbildungen für Apotheker.

Im Artikel 2A des „Health and Social Care Act" ist deutlich hinterlegt, dass die Bereitstellung von Impfungen für die Bevölkerung eine öffentliche Aufgabe sei:

> *„2A Secretary of State's duty as to protection of public health*
>
> *(1) The Secretary of State must take such steps as the Secretary of State considers appropriate for the purpose of protecting the public in England from disease or other dangers to health.*
>
> *(2) The steps that may be taken under subsection (1) include—[...]*
>
> *(c) providing vaccination, immunization or screening services" (TSO, 2012, S. 6)*

Grundsätzlich dürfen Apotheker Erwachsenen die meisten Arten von Impfungen verabreichen. Im Rahmen einer Umfrage der Pharmaceutical Society of Ireland (PSI) mit etwa 100.000 Teilnehmern aus den Jahren 2016 und 17 zeigte sich, dass 95 Prozent der Befragten mit dem Impfservice in den Apotheken sehr zufrieden waren. Sogar 99 Prozent würden sich jederzeit wieder dort impfen lassen und sie auch ihren Mitmenschen empfehlen. Ganze 16 % der Befragten wurden zum ersten

Mal überhaupt gegen Grippe geimpft und nutzen womöglich gezielt dieses niedrigschwellige Angebot. Die Mehrheit der Patienten stimmte folgenden Argumenten für eine Impfung in der Apotheke zu (PSI, 2016):

- unkomplizierte Terminfindung
- Vertrauen in den Pharmazeuten
- gute Erreichbarkeit der Apotheke
- bessere Öffnungszeiten

Dennoch sind sich auch dort Experten einig, dass das Bewusstsein für wichtige Impfungen in der Bevölkerung weiter gestärkt werden muss. Außerdem gibt es auch im Vereinigten Königreich Konflikte zwischen Apotheken und Hausärzten, die es im Sinne der Patienten zu lösen gilt.

3. Portugal

Bereits seit dem Jahr 2007 ist es Apotheken in Portugal gestattet, Impfungen durchzuführen. Auch hierdurch wurde laut Erhebung des ECDC in den Jahren 2013/14 und 2015/16 die erforderliche Impfquote bei älteren Menschen für Influenza nicht erreicht, doch lag sie mit knapp 60 Prozent noch immer deutlich höher als in Deutschland. Im Jahr 2010 hat das nationale Amt für Medizin- und Gesundheitsprodukte (INFARMED) eine sogenannte „Deliberation" erlassen, die vorsieht, dass der Inhaber einer Apotheke dafür verantwortlich ist, die Impfungen nur durch einen entsprechend weitergebildeten Apotheker oder einen besonders hierfür angestellten Krankenpfleger durchführen zu lassen. Dieser Service gilt insbesondere für diejenigen Impfungen, die nicht über den National Health Service Vaccination Plan abgedeckt werden. Inzwischen wird in Portugal etwa jede zweite Impfung in der Apotheke vorgenommen. Dies zeigt, dass Apotheker einen wertvollen Beitrag für die Gesundheitsversorgung leisten und eine wertvolle Ressource darstellen, die genutzt werden sollte.

4. Schweiz

Die Zahl der Grippeimpfungen ist in der Schweiz seit Jahren rückläufig, sodass im Jahr 2017 nur 36 Prozent der über 65-Jährigen geimpft waren. Diesen Trend galt es dringend zu durchbrechen, um den Zielvorgaben der WHO zumindest wieder etwas näher zu kommen. Bereits im Januar 2017 hat der schweizerische Bundesrat deswegen die nationale Strategie zu Impfungen verabschiedet. Sie beinhaltet die Option, dass die kantonalen Gesundheitsbehörden Apothekern die Erlaubnis erteilen können, auch ohne ärztliche Verschreibung Impfungen durchzuführen. Die Motivation lag zum einen in der Entlastung der Hausärzte zum anderen in einer Verbesserung des Zugangs der Bevölkerung zu wichtigen Impfungen. Zum Zeitpunkt der Datensammlung durch den wissenschaftlichen Dienst des Bundestages (2016) durften in 19 der 26 Kantone eine Impfung in Apotheken durchgeführt werden. Heute ist in allen 26 Kantonen eine Impfung grundsätzlich möglich, wobei es unterschiedliche kantonale Bestimmungen gibt, welche Impfungen verabreicht werden dürfen und ob eine ärztliche Verordnung vorliegen muss (Schweizerischer Apothekenverband, 2023). Eine fachkompetente Ausbildung für Pharmazeuten auch für den Bereich des Impfens ist gesetzlich festgelegt.

> *„Absolventinnen und Absolventen des Studiums der Pharmazie: übernehmen Aufgaben zur Förderung und Erhaltung der Gesundheit sowie zur Verhütung von Krankheiten und erwerben die entsprechenden Kompetenzen, insbesondere bei Impfungen;"* (Medizinalberufegesetz, Artikel 9f; letzte Änderung: 4.12.2015)

Im Jahr 2018 wurde dem schweizerischen Apothekerverband ein Bericht vorgelegt, der die ersten Erfahrungen mit Grippeimpfungen in Apotheken analysiert. Er entstand auf der Grundlage einer Befragung von 610 Apotheken. Dabei zeigte sich, dass zwischen der Grippesaison 2016/17 und 2017/18 die Anzahl der Impfapotheken um 48 Prozent gestiegen ist und die Impfungen pro Apotheke um 56 Prozent zugenommen haben. Die Impfquote ist im Vergleichszeitraum allerdings nur leicht angestiegen.

5. Vereinigte Staaten von Amerika

Ein im Jahr 2010 erlassener Impfplan enthielt unter anderem als wesentlich genanntes Ziel, die Impfquote insbesondere für die Grippeschutzimpfung zu erhöhen. Wichtig für die Verfolgung dieses Ziels sei das Abbauen von Hindernissen und ein vereinfachter Zugang zu Impfungen für die Bevölkerung. Trotz einiger Bemühungen konnte die Impfquote bisher nicht deutlich erhöht werden. Sie lag im Jahr 2010 bei der älteren Bevölkerung der USA bei 63,9 % (statista, 2021). Im Vergleich mit Europa mag dies weniger dramatisch erscheinen, dennoch galt es auch für die USA, die Zielvorgaben der WHO zu erreichen. Eine dieser Maßnahmen war die Auswertung der Impferlaubnis auf unterschiedliche Berufsgruppen aus dem Gesundheitssektor, darunter Apotheken, aber auch Hebammen oder Krankenpfleger. Die detaillierten Regelungen sind in den einzelnen Staaten zum Teil unterschiedlich, doch darf heute in allen US-Staaten eine Impfung in Apotheken durchgeführt werden. In einer großangelegten Übersichtsarbeit aus dem Jahr 2016 untersuchten Wissenschaftler der Universität Philadelphia die Machbarkeit, Akzeptanz und Wirksamkeit von Apotheken als Impfstellen für Erwachsene in den USA. Dabei fanden sie heraus, dass die administrativen Regelungen für die notwendige

Weiterbildung der Apotheker gut angenommen wurden und es den Apotheken leicht macht, ein Impfangebot für ihre Kunden in ihre Leistungen aufzunehmen. Die immer noch nur sehr leicht steigende Impfquote sei vielmehr dadurch begründet, dass organisatorische Hindernisse die Machbarkeit und Wirksamkeit der Impfkampagne einschränken (Burson et al., 2016).

Zwar können Apotheken vor Ort die Patienten ganz anders erreichen und tun dies auch in vielen Gesprächen und kleinen Werbekampagnen teilweise sehr erfolgreich, dennoch mangelt es scheinbar an groß angelegten Aufklärungskampagnen für die Grippeimpfung. So konnten in einer Umfrage aus dem Jahr 2016 nur 45 Prozent der zufällig befragten US-Bürger angeben, dass es möglich ist, sich Apotheken impfen zu lassen. Die Impfquote bei älteren Menschen für die Grippeimpfung stiegt seit 2010 leicht an, stagniert aber seit 2013 bei etwa 68 Prozent (Statista, 2023). Die Hoffnungen, die in die Apothekenimpfungen gelegt wurden, konnten somit eher nicht erfüllt werden, wenn auch die Quote immerhin leicht angestiegen ist.

Diese fünf Beispiele zeigen anschaulich, welche Bemühungen erbracht wurden, um die Quote für die Grippeimpfung zu erhöhen. Zur Verdeutlichung der bisherigen Erfolge zeigt Abb. 2.7 nochmal einen aktuelleren Vergleich verschiedener EU-Länder.

Die von Eurostat im Jahr 2024 zusammengefassten Daten (Abb. 2.7) zeigen, dass sich die Impfquote in der Zeit von 2012 bis 2022 in den meisten Ländern Europas verbessert hat, zum Teil sogar deutlich. In Deutschland zeigt sich dieser Trend bis dahin nicht, im Gegenteil lag die Quote im Jahr 2022 sogar deutlich unter der von 2012. Dieses Ergebnis, insbesondere im Fokus des internationalen Vergleichs, unterstreicht die dringende Notwendigkeit einer Verbesserung der Impfstrategie.

Die Betrachtung dessen, wie andere Länder vorgehen, um die Impfquoten zu erhöhen zeigt die Wichtigkeit, das Problem auf unterschiedlichen Ebenen anzugehen. Das reine Angebot der niedrigschwelligen Impfung in der Vor-Ort-Apotheke ist ein wesentlicher Punkt, doch muss dieser auch sinnvoll genutzt werden. Hierzu gehört zum einen die Weiterbildung der Apotheker, zum anderen aber auch eine bestmögliche Aufklärung der Patienten. Die Bevölkerung muss nicht nur wissen, dass sie sich in einer Apotheke ebenso gut impfen lassen kann, wie bei einem Arzt, es gilt auch, die Menschen von der Wichtigkeit einer Impfung im Allgemeinen zu überzeugen. Hier steht Deutschland im Vergleich zu vielen anderen Ländern eher schlecht dar, was auch Auswirkungen auf die Impfquote hat. Im Jahr 2016 führte ein internationales Forscherteam Umfragen an fast 66 000 Menschen in 67 Ländern durch und fragte ab, für wie wichtig, wirkungsvoll und sicher sie Impfungen halten. Dabei stellte sich heraus, dass unter den zehn Ländern mit den meisten Impfskeptikern sieben europäische Länder sind. Am weitesten verbreitet ist die Impfskepsis in

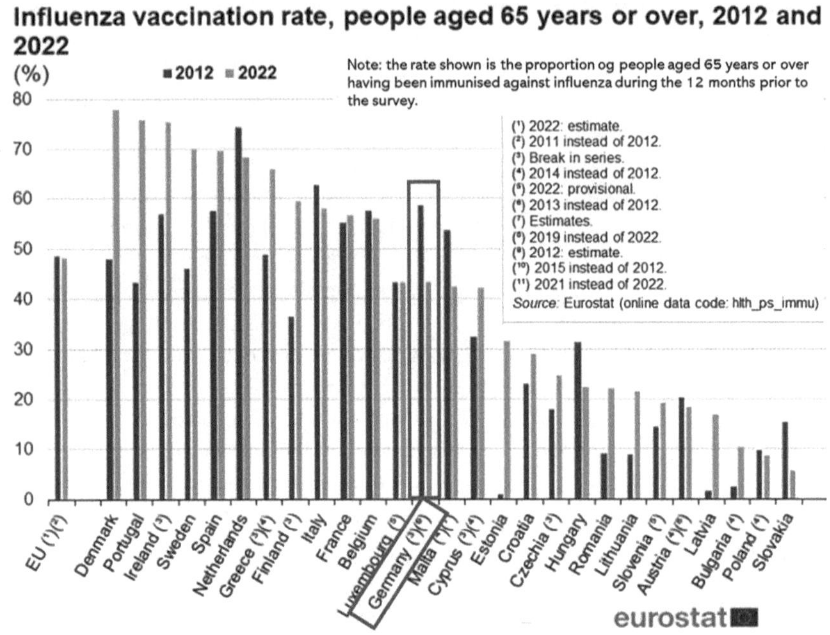

Abbildung 2.7 Impfquoten im Ländervergleich 2012 und 2022. (Quelle: Eurostat, 2024)

Frankreich. Hier halten 41 % der Befragten Impfstoffe für nicht sicher. In Deutschland haben immerhin noch 10,5 % grundsätzliche Bedenken über die Sicherheit von Impfstoffen. Damit bewegt es sich etwas unter dem internationalen Mittelwert von 12,46 %. Im europaweiten Vergleich schnitten besonders die Länder Portugal, Spanien und Dänemark sehr gut ab (Larson et al., 2016).

3 Problemstellung und Zielsetzung

Aus der aktuellen Situation, die in Kapitel 2 umfassend vorgestellt und erläutert wurde, lassen sich Problemstellungen und Forschungsfragen ableiten, die im Rahmen dieser Forschungsarbeit gelöst werden sollen. Sie lassen sich folgendermaßen formulieren:

- Lassen sich Impfquote und Impfrate durch die Mitwirkung von Apotheken in Deutschland spürbar erhöhen?
- Entstehen wirtschaftliche Vorteile (als zusätzlicher Anreiz) in Apotheken, wenn sie das freiwillige Impfangebot in ihren Leistungskatalog aufnehmen?
- Wie wird sich die Kostenentwicklung für Impfungen bei der öffentlichen Trägerschaft darstellen?
- Wie wirkt sich eine erweiterte Impfstrategie auf die Harmonie zwischen Ärzten und Apothekern aus?

3.1 Zielsetzung und Hypothesen

Das Hauptziel dieser Forschungsarbeit ist eine systematische Bestimmung von Erfolgsdeterminanten und Risiken für die Etablierung von Apothekenimpfungen im deutschen Gesundheitssystem. Hierbei geht es in erster Linie um den inzwischen abgeschlossenen Modellversuch zur Impfung gegen Influenza in öffentlichen Apotheken in Deutschland. Nebenziele sind die Analyse von möglichen Konfliktpunkten und wirtschaftlichen Interessen aller drei beteiligten Akteure.

R. Oehlmann, *Impfungen in Apotheken*,
https://doi.org/10.1007/978-3-658-52229-2_3

Hierfür ist es unabdingbar, die Sichtweise aller drei Probandengruppen ergebnisoffen zu sammeln und in die Bestimmung der Erfolgsdeterminanten einfließen zu lassen. Diese Akteure sind:

1. Apotheker
2. Allgemeinmediziner
3. Die gesetzliche Krankenversicherung (GKV)

Im Detail sollen durch eine systematische quantitative Befragung folgende Hypothesen überprüft werden:

Hypothese 1: Wir nehmen an, dass sich durch Impfungen in Apotheken die Impfquote erhöht.

Hypothese 2: Wir nehmen an, dass das Impfangebot für Apotheken einen wirtschaftlichen Vorteil darstellt.

Hypothese 3: Wir nehmen an, dass sich durch Impfungen in Apotheken die Kosten für Impfungen insgesamt reduzieren.

Hypothese 4: Wir nehmen an, dass die Planung des Impfangebotes in Apotheken Widerstände von Seiten der Ärzteschaft verursacht.

Durch die Analyse der subjektiven Daten aller Akteure wird eine möglichst objektive Bewertung des volkswirtschaftlichen Kosten-Nutzen-Verhältnisses ermöglicht, in der sich Erfahrungen und Erwartungen aller Probandengruppen widerspiegeln. Diese Bewertung kann als Entscheidungshilfe für alle beteiligten Akteure verstanden werden, wenn diese in die Situation kommen, über die Möglichkeiten und das Potenzial von Impfungen in Apotheken zu entscheiden.

Methodik

4

4.1 Die Probanden

Für eine umfassende und möglichst objektive Betrachtung des Themas werden in der Forschungsarbeit drei beteiligte Akteure mithilfe eines quantitativen Fragebogens nach ihrer Einschätzung und ihren ersten Erfahrungen im Rahmen des Modellvorhabens zu Grippeimpfungen in öffentlichen Apotheken befragt (zum Fragebogen siehe Abschnitt 4.2). Damit das Ergebnis der Befragung der Probanden eine allgemeine Gültigkeit für die gesamte Gruppe hat, muss eine repräsentative Stichprobengröße vorliegen. Insgesamt wurden Daten von 242 Probanden im Sommer 2024 erhoben, die sich folgendermaßen aufschlüsselten:

Gruppe 1: Apotheken
Um ein genaues Bild über die Einschätzungen und Erfahrungen unterschiedlicher Apotheken in Deutschland zum Impfthema zu bekommen, nahmen insgesamt 106 Apotheken an der Studie teil. Eingeschlossen wurden ausschließlich Apotheken, in denen bereits Grippeimpfungen als freiwillige Leistung angeboten werden.

Gruppe 2: Allgemeinmediziner
Um einen klaren Überblick über die Sichtweise von Seiten der Ärzteschaft zu bekommen, wurden insgesamt 114 Allgemeinmediziner befragt. Berücksichtigt wurden Ärzte, die regelmäßig Grippeimpfungen in ihrer Praxis durchführen. Ärzte ohne relevantes Tätigkeitsfeld wurden ausgeschlossen.

Ergänzende Information Die elektronische Version dieses Kapitels enthält Zusatzmaterial, auf das über folgenden Link zugegriffen werden kann https://doi.org/10.1007/978-3-658-52229-2_4.

R. Oehlmann, *Impfungen in Apotheken*,
https://doi.org/10.1007/978-3-658-52229-2_4

Gruppe 3: Gesetzlichen Krankenversicherung (GKV)
In Deutschland gab es zum Erhebungszeitraum 95 unterschiedliche gesetzliche Krankenkassen. Insgesamt 22 Vertreter unterschiedlicher Kassen haben an dieser Studie teilgenommen. Hierbei handelt es sich um Fachreferenten, die in ihren jeweiligen Institutionen für Impfstrategien oder Versorgungsfragen zuständig sind und Einblick in die Planung, Umsetzung und Bewertung von Impfangeboten haben.

4.2 Der quantitative Fragebogen

Zur Datenerhebung wurde ein quantitativer Fragebogen verwendet. Die Wahl dieser Methode ermöglicht eine systematische, objektive und standardisierte Erfassung der Einschätzungen und Erfahrungen der Probanden. Durch geschlossene Fragen mit festen Antwortmöglichkeiten konnte eine vergleichbare und statistisch auswertbare Datengrundlage geschaffen werden. Die Befragung erfolgte vollständig online und anonym. Die Probanden erhielten einen Zugangslink, über den sie den Fragebogen eigenständig ausfüllen konnten. Dies gewährleistete eine hohe Flexibilität, eine breite Erreichbarkeit der Zielgruppen sowie eine minimierte Verzerrung durch sozialen Druck.

Es wurden drei separate Fragebögen entwickelt, jeweils angepasst an die drei Probandengruppen. Die Fragen deckten thematisch folgende Schwerpunkte ab:

- **Apotheker:** Wirtschaftliche und organisatorische Aspekte der Impfleistung, Erwartungen an die zukünftige Entwicklung, wahrgenommene Akzeptanz bei Patienten, sowie mögliche Konflikte mit Ärzten.
- **Allgemeinmediziner:** Einschätzungen zu möglichen Auswirkungen des erweiterten Impfangebots auf ihre Praxis, Veränderungen der Impfquote, sowie Wahrnehmungen zur Kompetenz von Apothekern als Impfende.
- **Gesetzliche Krankenkassen:** Erwartete und tatsächliche Auswirkungen der Apothekenimpfungen auf die Impfquote, finanzielle Aspekte sowie mögliche langfristige Einsparpotenziale.

Die vollständigen Fragebögen sind im Anhang dieser Arbeit dargestellt, der als elektronisches Zusatzmaterial einsehbar ist.

4.2.1 Vorbereitung und Pretest

Zur Sicherstellung der Validität und Verständlichkeit wurde vor der Hauptstudie ein Pretest durchgeführt (Porst, 2019; Möhler & Porst 1996). Hierzu wurden die Fragebögen zunächst von 10 Apothekern und 10 Allgemeinmedizinern getestet. Im Fokus des Pretests standen:

- Verständlichkeit und Klarheit der Fragen
- Plausibilität der Antwortoptionen
- Dauer der Befragung
- technische Funktionalität der Online-Erhebung

Die Rückmeldungen der Testpersonen bestätigten die Eignung der Fragebögen, sodass keine Änderungen erforderlich waren. Die finalen Fragebögen wurden anschließend unverändert an die Zielgruppen versendet und die erhobenen Daten für die statistische Analyse verwendet.

4.3 Statistische Auswertung

Für die statistische Auswertung der gegebenen Antworten wurden die gewählten Variablen (Fragen) und deren Ausprägung (Antwortmöglichkeiten) wenn möglich in Zahlenwerte übertragen, auf deren Basis die statistische Analyse aufbaut. Dabei gilt es mithilfe der deskriptiven und induktiven Statistik, mögliche Gesetzmäßigkeiten innerhalb der einzelnen Probandengruppen aufzudecken und zu prüfen, ob sich dadurch eine allgemeingültige Aussage für die ganze Gruppe formulieren lässt.

Im Rahmen der deskriptiven Statistik werden die erhobenen Daten zunächst systematisch zusammengefasst und mithilfe von Kreisdiagrammen grafisch dargestellt. Die Kreisdiagramme liefern einen Eindruck über die Verteilung der Antworten innerhalb einer Probandengruppe. Anschließend erfolgt eine Zusammenfassung, wobei die Fragen nach thematischen Schwerpunkten sortiert werden. Diese Zusammenfassung wird als Box-Plot dargestellt. Ein Box-Plot (auch Box-and-Whisker-Plot genannt) ist eine Darstellungsform, die es ermöglicht, eine Vielzahl von Daten kompakt und übersichtlich zu visualisieren und es so ermöglicht, die Verteilung der Antworten auf jede Frage übersichtlich zusammenzufassen. Für jede Frage wird eine eigene Box erstellt, die den Median sowie die mittleren 50 % der Antworten zeigt. Die Linien (Whisker) an beiden Enden der Box geben den gesamten Antwortbereich an, während Ausreißer als separate Punkte dargestellt werden. Diese Darstellungsform ist besonders nützlich, um schnell zentrale Tendenzen und Streuungen der Antworten zu erkennen, Ausreißer zu identifizieren und Fragen miteinander zu vergleichen. Da allerdings die Antwortmöglichkeiten bei den einzelnen Fragen in der Regel auf fünf begrenzt sind, ist auch die Streuung der Daten begrenzt. Daher haben viele Boxen eine genaue Größe von 1, was bedeutet, dass die mittleren 50 % der Antworten innerhalb eines engen Bereichs liegen. In einer weiteren Analyse wurden die Probandengruppen der Ärzte und Apotheker zusätzlich nach der geografischen Lage unterteilt, um mögliche regionale Unterschiede zu untersuchen. Diese Differenzen wurden zunächst mithilfe von Balkendiagrammen visualisiert, um mögliche Trends oder Unterschiede zwischen städtischen und ländlichen Gebieten deutlich zu machen. Die so aufbereiteten Daten sind nun bereit für die interferenzstatistische Analyse und die Prüfung der Hypothesen. Darauf wird in den folgenden Abschnitten detailliert eingegangen.

4.3.1 Die Hypothesen

Im Vorfeld der Arbeit wurden folgende Hypothesen aufgestellt, die mit den gewonnenen Daten statistisch geprüft werden können. Eine Hypothese stellt eine erwartete Beziehung oder einen vermuteten Unterschied zwischen Variablen dar, während die Nullhypothese (H_0) davon ausgeht, dass kein solcher Zusammenhang oder Unterschied besteht. Die Nullhypothese wird im Rahmen der statistischen Analyse geprüft und entweder beibehalten oder verworfen, um die Forschungsfrage empirisch zu beantworten.

Hypothese 1: Wir nehmen an, dass sich durch Impfungen in Apotheken die Impfquote erhöht.

Die dazugehörige Nullhypothese lautet: die Gesamtimpfquote in den Regionen mit und ohne Impfungen in Apotheken unterscheidet sich nicht signifikant.

Hypothese 2: Wir nehmen an, dass das Impfangebot für Apotheken einen wirtschaftlichen Vorteil darstellt.

Die dazugehörige Nullhypothese lautet: das Impfangebot für Apotheken stellt keinen signifikanten wirtschaftlichen Anreiz dar.

Hypothese 3: Wir nehmen an, dass sich durch Impfungen in Apotheken die Kosten für Impfungen insgesamt reduzieren.

Die dazugehörige Nullhypothese lautet: die Kosten für Impfungen durch Apothekenimpfungen reduzieren sich nicht signifikant.

Hypothese 4: Wir nehmen an, dass die Planung des Impfangebotes in Apotheken Widerstände von Seiten der Ärzteschaft verursacht.

Die dazugehörige Nullhypothese lautet: die Planung von Apothekenimpfungen wird auf Seiten der Ärzte keine signifikanten Widerstände hervorrufen.

Alle formulierten Hypothesen sind Unterschiedshypothesen und wurden daraufhin geprüft, ob systematische Abweichungen von einer neutralen Erwartung bestehen. Da die erhobenen Daten größtenteils auf subjektiven Einschätzungen basieren, war eine statistische Analyse erforderlich, um diese zu objektivieren und ihre Aussagekraft zu bewerten. Die Prüfung zeigt, ob die vermuteten Unterschiede tatsächlich bestehen oder auf zufällige Schwankungen zurückzuführen sind. Tabelle 4.1 gibt eine Übersicht zur Operationalisierung der Hypothesen. Anschließend werden die in dieser Arbeit verwendeten statistischen Methoden (der t-Test und der Chi-Quadrat-Goodness-of-fit-Test) genau erläutert und begründet.

Tabelle 4.1 Übersicht zur Operationalisierung der Hypothesen

Hypothese	Rolle der Variable	Variable	Frage im Fragebogen	Skalenniveau
H1	abhängig	Impfquote (subjektiv, erwartete bzw. wahrgenommene Steigerung)	Zielgruppe: Krankenkassen: • Anstieg der Grippeimpfquote seit der Einführung des erweiterten Impfangebotes in Apotheken? Zielgruppe: Krankenkassen, Ärzte und Apotheker: • Erwarten Sie eine Steigerung der Impfquote?	ordinal Likert-skaliert, kann für die Zwecke der Analyse aber als quasimetrisch betrachtet werden

(Fortsetzung)

Tabelle 4.1 (Fortsetzung)

Hypothese	Rolle der Variable	Variable	Frage im Fragebogen	Skalenniveau
H2	abhängig	wirtschaftliche Anreize	Zielgruppe: Apotheker • Gewinnsteigerung durch Impfungen? • Kundenzuwachs und -zufriedenheit durch Impfungen?	ordinal Likert-skaliert, kann für die Zwecke der Analyse aber als quasimetrisch betrachtet werden
H3	abhängig	Kostenentwicklung	Zielgruppe: gesetzliche Krankenkassen • Haben sich Kosten für Grippeimpfungen verändert? • Werden Kostenersparnisse erwartet?	ordinal Likert-skaliert, kann für die Zwecke der Analyse aber als quasimetrisch betrachtet werden
H4	abhängig	Widerstände	eine latente Variable, die basierend auf den manifesten Variablen im Fragebogen berechnet wird: Zielgruppe: Apotheken • Erlebte Konflikte mit Ärzten bzgl. des Impfens? • Häufigkeit von Komplikationen beim Impfen? Zielgruppe: Allgemeinmediziner • Kompetenz der Apotheker? • Wird eine Arbeitserleichterung erwartet? • Häufigkeit von Komplikationen bei Impfungen?	ordinal Likert-skaliert, kann für die Zwecke der Analyse aber als quasimetrisch betrachtet werden
	unabhängig	Gruppe	Apotheken und Allgemeinärzte	nominal
			Stadt und Land	nominal

4.3.2 Chi-Quadrat-Goodness-of-Fit-Tests

Im Rahmen der statistischen Auswertung der erhobenen Daten zu den Einschätzungen der gesetzlichen Krankenkassen, Apotheken und Allgemeinmediziner wurde ein Chi-Quadrat-Goodness-of-Fit-Test durchgeführt. Diese Methode wurde gewählt, um zu überprüfen, ob die Verteilung der beobachteten Antworten signifikant von einer zufälligen Verteilung abweicht. Da es sich bei den erhobenen Daten um subjektive Meinungen handelt, die Wahrnehmungen und Erwartungen ausdrücken, ist der Chi-Quadrat-Goodness-of-Fit-Test eine geeignete Methode, um festzustellen, ob die beobachteten Antwortmuster statistisch signifikant sind oder ob sie zufällig entstanden sein könnten. Dadurch wird die Aussagekraft der erhobenen Daten untermauert, unabhängig von der spezifischen Hypothese. Der Test prüft, ob die beobachteten Antwortverteilungen, beispielsweise zur Frage nach einer erwarteten oder beobachteten Steigerung der Impfquote oder zur wirtschaftlichen Bedeutung des Impfangebots, systematisch bedingt sind oder durch Zufall erklärt werden könnten. Somit liefert der Chi-Quadrat-Goodness-of-Fit-Test eine Grundlage dafür, dass die Ergebnisse statistisch signifikante Muster aufweisen, die über den Zufall hinausgehen.

Die Anwendung des Chi-Quadrat-Goodness-of-Fit-Tests ermöglicht es somit, die Validität der erhobenen Daten zu stärken und sicherzustellen, dass die Schlussfolgerungen auf stabilen statistischen Grundlagen beruhen. Diese Methode unterstützt das Ziel, zuverlässige Aussagen über die allgemeine Einschätzung und mögliche Auswirkungen des erweiterten Impfangebots in Apotheken zu treffen.

Begründung für die Wahl des Chi-Quadrat-Goodness-of-Fit-Tests

Die erhobenen Daten basieren auf einer Likert-Skala mit fünf Antwortmöglichkeiten. Da die Zielgröße der Studie eine subjektive Einschätzung der Befragten darstellt und keine direkt messbare Größe (wie etwa die tatsächliche Impfquote), bietet der Chi-Quadrat-Goodness-of-Fit-Test die Möglichkeit, festzustellen, ob die beobachtete Verteilung der Antworten signifikant von einer vorab definierten „erwarteten" Verteilung abweicht.

In diesem Fall wurde eine gleichmäßige Verteilung der fünf Antwortmöglichkeiten als Nullhypothese (H_0) angenommen. Das bedeutet, dass jeder Antwortkategorie theoretisch der gleiche Anteil an Befragten zugeordnet wird, wenn es keine klare Präferenz der Befragten für eine Antwort gibt. Für jede der Gruppen (gesetzliche Krankenkassen, Apotheken, Allgemeinmediziner) wurde diese Hypothese getestet. Der Chi-Quadrat-Goodness-of-Fit-Test eignet sich besonders gut, wenn die Daten in Kategorien eingeteilt sind, wie es bei den fünf Antwortmöglichkeiten der Fall ist.

Vorgehensweise bei der Anwendung des Chi-Quadrat-Goodness-of-Fit-Tests

1. **Definition der Nullhypothese (H_0):** Die Nullhypothese lautet, dass es keinen signifikanten Unterschied zwischen der beobachteten Verteilung der Antworten und einer gleichmäßigen Verteilung gibt. Dies bedeutet, dass die Antworten zufällig verteilt sein könnten, ohne dass eine klare Tendenz der Befragten erkennbar ist.

2. **Erwartete Verteilung**: Die erwartete Verteilung basiert auf der Annahme, dass die fünf Antwortmöglichkeiten (1–5) gleich häufig gewählt werden, wenn keine systematische Präferenz vorliegt. Bei n Befragten wäre die erwartete Häufigkeit für jede Antwortmöglichkeit E = n/k, wobei n die Anzahl der Befragten und k die Anzahl der Kategorien ist, in diesem Fall 5.
3. **Berechnung der Chi-Quadrat-Teststatistik**: Die Chi-Quadrat-Teststatistik wird mit folgender Formel berechnet:

$$\chi^2 = \sum(\mathbf{O} - \mathbf{E}) \wedge \mathbf{2/E}$$

   Dabei beschreibt O die beobachteten Häufigkeiten jeder Antwortkategorie und E die erwarteten Häufigkeiten. Diese Teststatistik misst somit, wie stark die beobachteten Werte von den erwarteten Werten abweichen. Eine große Abweichung führt zu einem größeren Chi-Quadrat-Wert, was darauf hindeutet, dass die beobachteten Daten nicht zufällig verteilt sind.
4. **Vergleich mit der Chi-Quadrat-Verteilung**: Um die Signifikanz der Abweichung zu bewerten, wird der berechnete Chi-Quadrat-Wert mit der Chi-Quadrat-Verteilung für die entsprechende Anzahl an Freiheitsgraden (df) verglichen. Die Freiheitsgrade werden berechnet als df = k − 1, wobei k die Anzahl der Kategorien (Antwortmöglichkeiten) ist, also 5. In diesem Fall ergibt sich für die Freiheitsgrade: df = 5 − 1 = 4. Der p-Wert gibt an, wie wahrscheinlich es ist, dass die beobachteten Abweichungen zufällig entstanden sind. Liegt der p-Wert unter dem Signifikanzniveau von 0,05, wird die Nullhypothese verworfen, was bedeutet, dass die Unterschiede statistisch signifikant sind.

4.3.3 T-Test zur Untersuchung von Unterschieden bezüglich der Lage

Zusätzlich zum Chi-Quadrat-Goodness-of-Fit-Test wurde der t-Test als statistisches Verfahren angewendet, um Unterschiede zwischen zwei Gruppen zu untersuchen, insbesondere um zu klären, ob Apotheken und Ärzte in städtischen und ländlichen Gebieten signifikant unterschiedliche Einschätzungen bezüglich des erweiterten Impfangebots haben. Der t-Test ist ein parametrisches Testverfahren, das verwendet wird, um zu überprüfen, ob sich die Mittelwerte zweier Gruppen signifikant voneinander unterscheiden. In dieser Studie wurde ein Zwei-Stichproben-t-Test (independent t-test) durchgeführt, da es sich um unabhängige Gruppen handelt – nämlich Apotheken bzw. Ärzte, die in städtischen und ländlichen Gebieten tätig sind.

Vorgehensweise des t-Tests

Die Grundidee des t-Tests besteht darin, den Mittelwert einer Variablen in zwei verschiedenen Gruppen zu vergleichen und zu prüfen, ob der Unterschied zwischen den beiden Mittelwerten so groß ist, dass er nicht zufällig, sondern systematisch bedingt ist.

Annahmen für den t-Test

1. Normalverteilung: Es wird angenommen, dass die Daten in jeder Gruppe (z. B. Apotheken in städtischen und ländlichen Gebieten) normalverteilt sind. Dies ist wichtig, um die Gültigkeit der Ergebnisse sicherzustellen. Sollte die Verteilung der Daten in einer Gruppe nicht normal sein, kann alternativ ein nicht-parametrischer Test, wie der Mann-Whitney-U-Test, durchgeführt werden.
2. Varianzhomogenität: Eine weitere Annahme ist, dass die Varianz in den beiden Gruppen gleich ist. Diese Annahme wird in der Regel mithilfe eines Levene-Tests auf Gleichheit der Varianzen überprüft. Ist diese Annahme verletzt, wird ein angepasster t-Test (Welch-t-Test) verwendet, der die Varianzunterschiede berücksichtigt.

Der p-Wert wird berechnet, um festzustellen, ob der Unterschied zwischen den Gruppen signifikant ist. Bei einem Signifikanzniveau von 0,05 wird die Nullhypothese abgelehnt, wenn der p-Wert kleiner als 0,05 ist. Das bedeutet, dass der Unterschied zwischen den beiden Gruppen statistisch signifikant ist und nicht durch Zufall erklärt werden kann.

Anwendung in der vorliegenden Studie

In dieser Untersuchung wurde der t-Test angewandt, um zu überprüfen, ob Apotheken und Ärzte in städtischen und ländlichen Gebieten unterschiedliche Einschätzungen zum erweiterten Impfangebot abgeben. Die Gruppen wurden nach dem Kriterium der geografischen Lage (Stadt oder Land) unterteilt, was von den Probanden selbst angegeben wurde. Durch die Anwendung des t-Tests konnte festgestellt werden, ob die geographische Lage der Apotheken und Ärzte einen signifikanten Einfluss auf ihre Einschätzung hat.

Ergebnisse 5

In den ersten drei Kapiteln dieses Ergebnisteils werden die Antworten aller untersuchten Probandengruppen einzeln betrachtet und umfassend dargestellt. Im Anschluss erfolgt die Prüfung der Hypothesen, wobei auf die dafür wichtigen Aspekte aller Probandengruppen in vergleichender Weise eingegangen werden wird. In diesem Teil erfolgt auch ein Vergleich der Sichtweisen der unterschiedlichen Akteure, sollten diese bei der jeweils betrachteten Fragestellung voneinander abweichen.

5.1 Apotheken

Im Rahmen dieser Forschungsarbeit wurden insgesamt 106 Apotheken in Deutschland befragt, die Grippeimpfungen als freiwillige Zusatzleistung für ihre Kunden anbieten. Insgesamt 60 dieser Apotheken, das entspricht 56,6 %, gaben an, im städtischen Raum zu liegen, während sich 46 Apotheken, entsprechend 43,4 %, in ländlichen Regionen verorten. Zur Ermittlung der Erfahrungswerte und Ansichten der befragten Apotheken wurden insgesamt neun Fragen an die Probanden gerichtet, die im Folgenden einzeln betrachtet werden. Zunächst werden die Antworten aller 106 Apotheken besprochen, anschließend wird untersucht, ob es Unterschiede zwischen Apotheken in der Stadt und auf dem Land gibt.

R. Oehlmann, *Impfungen in Apotheken*,
https://doi.org/10.1007/978-3-658-52229-2_5

5.1.1 Wahrnehmungen und Erfahrungen

Die ersten Fragen beziehen sich auf mögliche wirtschaftliche Vorteile, die Apotheker haben könnten, wenn sie Impfungen in ihren Leistungskatalog aufnehmen. Auf die Frage, ob die Apotheken durch das Impfangebot eine gesteigerte Kundenzufriedenheit beobachten, antwortet die Mehrheit der Befragten (61,32 %) mit „eher ja", 24,53 % haben eine neutrale Beobachtung und 14,15 % sagen, dass sich eine deutliche Steigerung der Kundenzufriedenheit beobachten lässt. Dieses Ergebnis ist in Abb. 5.1 graphisch dargestellt.

Abbildung 5.1 Antworten der Apotheker auf Frage 1. (Angabe in Prozent; n = 106; Quelle: Eigene Daten)

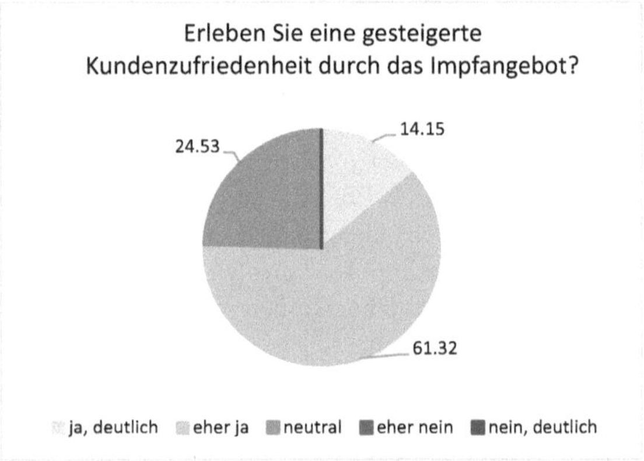

Auf die Frage nach einer Gewinnsteigerung durch das Impfangebot antwortet die Mehrheit der befragten Apotheken (48,11 %), dass sie eher keine Gewinnsteigerung beobachten. Insgesamt 9,43 % der Befragten verneinen eine solche Beobachtung sogar deutlich. Nur 0,94 % (das ist eine von 106 Apotheken) gab an, eine leichte Gewinnsteigerung zu beobachten. Eine neutrale Angabe machten 41,51 %. Die Antworten auf diese zweite Frage sind in Abb. 5.2 graphisch dargestellt.

Die dritte Frage bezieht sich auf einen wahrgenommenen Anstieg der Kundenzahl seit Einführung des Impfangebotes. Die Mehrheit der befragten Apotheken (57,55 %) antwortet neutral auf diese Frage, beobachtet also keine Veränderung der Kundenzahl. Insgesamt 22,64 % der befragten Apotheken beobachtet eher keinen Anstieg der Kundenzahl, 19,81 % hingegen beobachten einen leichten Anstieg. Die Ergebnisse dieser Frage sind in Abb. 5.3 graphisch dargestellt.

Abbildung 5.2 Antworten der Apotheker auf Frage 2. (Angabe in Prozent; n = 106; Quelle: Eigene Daten)

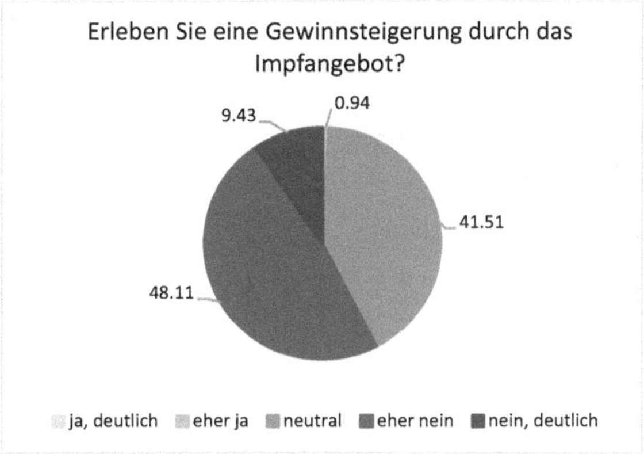

Abbildung 5.3 Antworten der Apotheker auf Frage 3. (Angabe in Prozent; n = 106; Quelle: Eigene Daten)

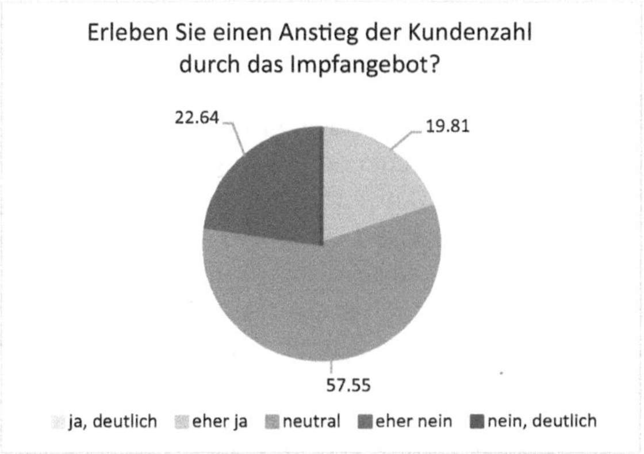

Mit der vierten Frage wurden die Erwartungen der Apotheken abgefragt, inwieweit sie sich für die Zukunft eine Steigerung ihres Gewinnes vorstellen, der auf das Impfangebot zurückzuführen ist. Die Mehrheit der Befragten (44,34 %) beantwortet diese Frage neutral, erwartet also weder finanzielle Gewinne noch Einbußen für die Zukunft, die auf das erweiterte Impfangebot zurückzuführen sind. Nur eine knapp kleinere Gruppe der Befragten (40,57 %) erwartet eher keine Steigerung des Gewinns, insgesamt 9,43 % sprechen sich sogar deutlich gegen diese Erwartung aus. Nur 5,66 % der befragten Apotheken (das entspricht 6 von 106) erwarten eine leichte Steigerung des Gewinns, der auf das erweiterte

Impfangebot zurückzuführen ist. Die Antworten auf diese Frage sind in Abb. 5.4 graphisch dargestellt.

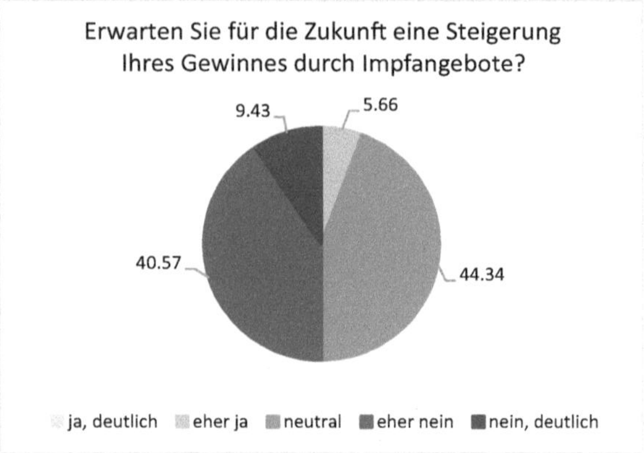

Abbildung 5.4 Antworten der Apotheker auf Frage 4. (Angabe in Prozent; n = 106; Quelle: Eigene Daten)

Auch in der fünften Frage ging es um die Erwartungen, die Apotheken mit der Einführung des erweiterten Impfangebotes verbinden. Hier geht es um die Kundenzufriedenheit. Dabei gab die Mehrheit der befragten Apotheken (51,89 %) an, dass sie eher einen Anstieg der Kundenzufriedenheit erwarten. Insgesamt 16,98 % erwarten sogar einen deutlichen Anstieg. Die übrigen 31,13 % erwarten keine besonderen Veränderungen bezüglich der Zufriedenheit ihrer Kunden und antworteten mit „neutral". Kein einziger Proband verneinte die Frage. Die Antworten sind in Abb. 5.5 graphisch dargestellt.

Nach der eigentlichen Grundidee des erweiterten Impfangebotes, nämlich einer möglichen Steigerung der Impfquote, gefragt, gab die Mehrheit der Apotheken (57,55 %) an, dass sie eher eine solche Entwicklung erwarten. Insgesamt 29,25 % der Befragten stimmte dieser Erwartung sogar deutlich zu. Nur 1,89 % (das entspricht 2 von 106 Apotheken) beantworteten diese Frage mit Nein, erwarten also keine wesentliche Veränderung der Impfquote durch die Möglichkeit, Impfungen in Apotheken durchzuführen. Die Verteilung der Antworten auf diese Frage ist in Abb. 5.6 graphisch dargestellt.

Frage 7 greift mögliche Konflikte mit der Ärzteschaft vor Ort auf, die auf die Impfthematik in Apotheken zurückzuführen sind. Dabei gab die Mehrheit der Befragten (48,11 %) an, dass solche Konflikte eher bestehen. 15,09 % der Befragten bestätigten dies sogar deutlich. Insgesamt 27,36 % der befragten Apotheker blieb bei dieser Frage neutral und nur eine Minderheit von 9,43 % verneinte die Frage nach eigenen Erfahrungen mit Konflikten mit Ärzten in ihrer Umgebung,

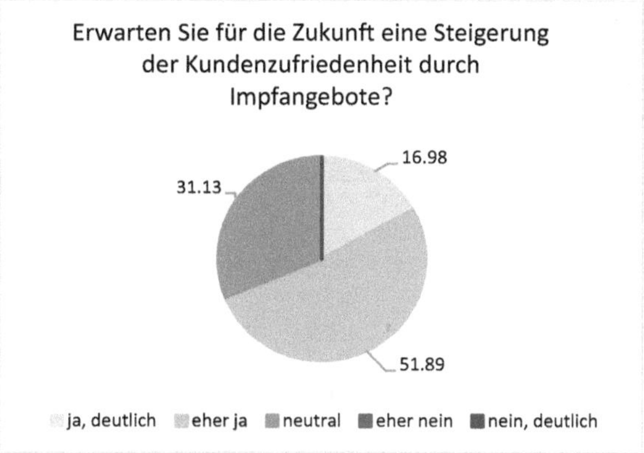

Abbildung 5.5 Antworten der Apotheker auf Frage 5. (Angabe in Prozent; n = 106; Quelle: Eigene Daten)

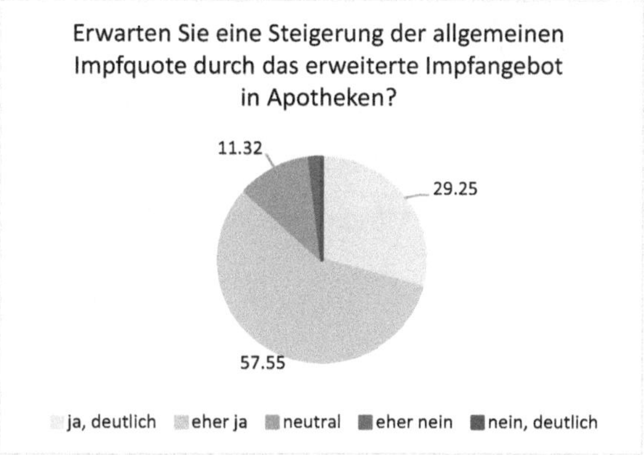

Abbildung 5.6 Antworten der Apotheker auf Frage 6. (Angabe in Prozent; n = 106; Quelle: Eigene Daten)

die auf das erweiterte Impfangebot in ihren Apotheken zurückzuführen sind. In Abb. 5.7 ist die Verteilung der Antworten auf diese Frage graphisch dargestellt.

Um mögliche Ursachen für solche Konflikte zu diskutieren, wurden sowohl Apotheker als auch Ärzte danach gefragt, ob sie speziell für die Impfung zertifizierte Apotheker für ausreichend kompetent erachten, eine Impfung durchzuführen. Hierauf antworteten ausnahmslos alle Apotheker (100 %) mit „ja, deutlich". Die Antworten der Ärzte werden in Abschn. 5.2 vorgestellt. Die Verteilung der Antworten ist in Abb. 5.8 graphisch dargestellt.

In der neunten und letzten Frage wurden die Apotheker gebeten, einzuschätzen, für wie hoch sie ihrer Erfahrung nach das Risiko einschätzen, dass es bei

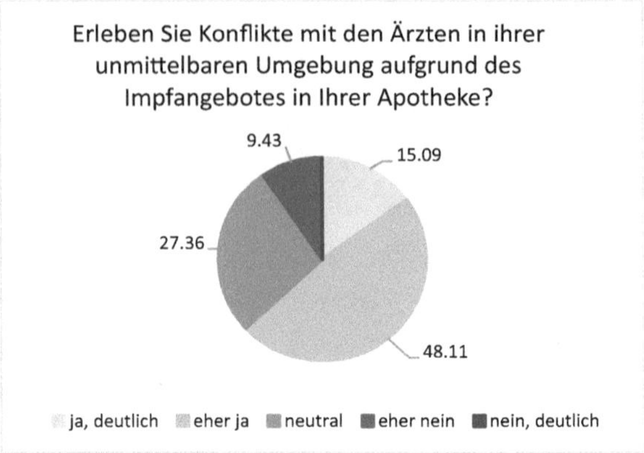

Abbildung 5.7 Antworten der Apotheker auf Frage 7. (Angabe in Prozent; n = 106; Quelle: Eigene Daten)

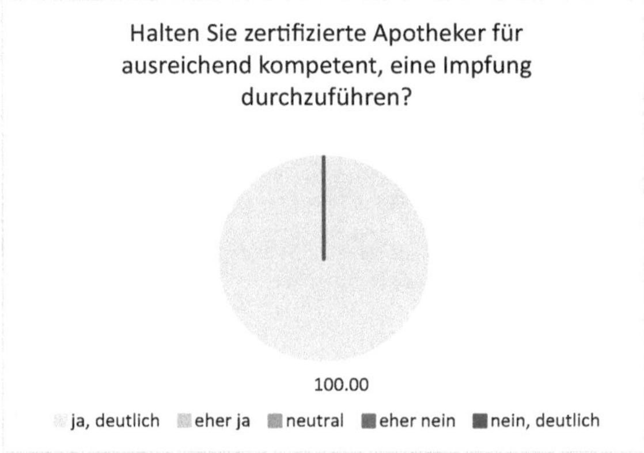

Abbildung 5.8 Antworten der Apotheker auf Frage 8. (Angabe in Prozent; n = 106; Quelle: Eigene Daten)

einer Grippeimpfung zu Komplikationen kommt, die die Hilfe eines Arztes notwendig machen. Insgesamt 98,11 % der befragten Apotheken gab an, die Risiken als „sehr gering" einzuschätzen. Nur 1,89 % (entsprechend 2 von 106) gaben die Antwort „eher gering" an. Die Antwortverteilung ist in Abb. 5.9 graphisch dargestellt. Auch diese Frage wurde an Allgemeinmediziner gerichtet. Die Antworten dieser Probandengruppe werden in Abschn. 5.2 vorgestellt.

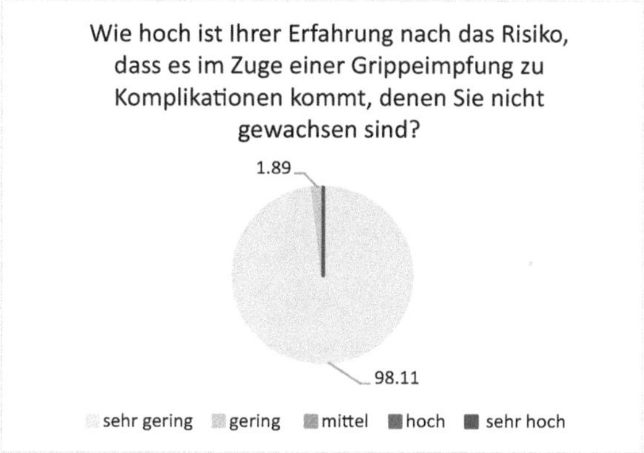

Abbildung 5.9 Antworten der Apotheker auf Frage 9. (Angabe in Prozent; n = 106; Quelle: Eigene Daten)

5.1.2 Zusammenfassung nach Themen

Für eine übersichtliche Darstellung der Ergebnisse werden an dieser Stelle die wichtigsten Erkenntnisse aus den Fragebögen an die Apotheker zusammengefasst. Dabei werden unterschiedliche Themenbereiche einzeln betrachtet. Zuvor ist in Abb. 5.10 eine zusammenfassende Darstellung der Antworten aller 106 Probanden auf alle 9 Fragen zu sehen.

Grundsätzliches zum Impfangebot

Die absolute Mehrheit der befragten Apotheken erwartet eine Steigerung der Impfquoten durch die Einführung von Impfungen in Apotheken. Nur zwei der 106 befragten Apotheken verneinten die positive Erwartung an eine gesamtgesellschaftliche Entwicklung und stehen dem Konzept trotz ihrer Teilnahme dennoch nur neutral gegenüber.

Wirtschaftliche Aspekte

Neben ideellen Aspekten sind es vor allen Dingen wirtschaftliche Beweggründe, die einen Apotheker dazu animieren können, die Möglichkeit von Impfungen in den freiwilligen Leistungskatalog aufzunehmen. Tatsächlich erleben die befragten Apotheken zu einem absoluten Großteil eine Steigerung der Kundenzufriedenheit seit Einführung des Impfangebotes und erwarten diese auch weiterhin für die Zukunft. Diese Steigerung der Zufriedenheit der Kunden scheint sich allerdings nicht in der Anzahl der Kunden widerzuspiegeln, da die meisten Apotheken hier von keinen Veränderungen berichten. Der Anteil von Veränderungen nach oben oder unten hält sich

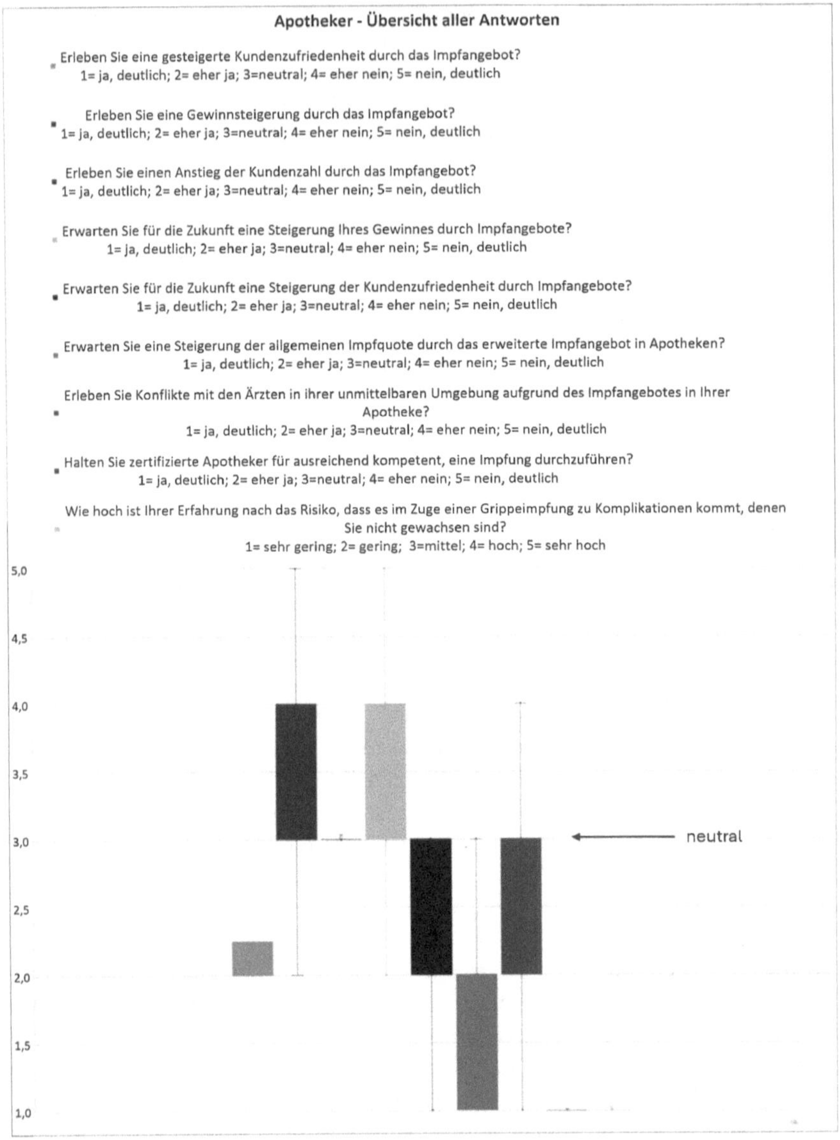

Abbildung 5.10 Zusammenfassende graphische Darstellung aller Antworten der 106 Apotheken. (Fragen 1–5 des Diagramms: wirtschaftliche Aspekte, 6: grundlegende Aspekte, 7–9: Konflikte; Quelle: Eigene Daten)

ziemlich in der Waage, sodass insgesamt von einem neutralen Eindruck bezüglich der Kundenzahl gesprochen werden kann. Entsprechend beobachteten die Apotheken auch keinen Gewinnanstieg. Tatsächlich berichtet die Mehrheit sogar von finanziellen Einbußen, die offenbar auch in der Zukunft nicht ausgeglichen werden können, da sich auch hier die Erwartungen eher negativ darstellen. Aus wirtschaftlicher Sicht scheint das Impfangebot somit (zumindest bisher) eher ein Minusgeschäft zu sein, obwohl von einer deutlichen Steigerung der Zufriedenheit der Kunden berichtet wird. Allein in diesem Bereich konnte auf betriebswirtschaftlicher Ebene ein deutlicher Vorteil durch das Impfangebot ausfindig gemacht werden.

Konflikte mit Ärzten
Deutlich über die Hälfte der befragten Apotheken gibt an, dass es aufgrund ihres Impfangebotes Konflikte mit Ärzten aus ihrer unmittelbaren Umgebung gibt. Im weiteren Verlauf der Ergebnisanalyse soll genauer untersucht werden, woher diese Konflikte kommen und wie sie sich schließlich beheben lassen.

5.1.3 Unterschiede zwischen Stadt und Land

Um festzustellen, ob es in den Antworten der Apotheken regionale Unterschiede gibt, wurden die Probanden nach ihrer Lage aufgeteilt, wobei lediglich zwischen Stadt und ländlicher Region unterschieden wurde. Wie bereits anfangs erläutert, setzten sich die 106 befragten Apotheken aus 60 Apotheken in der Stadt und 46 Apotheken auf dem Land zusammen. Beim Vergleich der gegebenen Antworten auf alle 9 Fragen zeigt sich, dass es bei 8 der 9 Fragen keine nennenswerten Unterschiede zwischen den beiden Teilgruppen gibt. Lediglich bei der Frage nach Erfahrungen bezüglich Konflikten mit Ärzten in der Umgebung erreichten Apotheken auf dem Land einige Punkte mehr, es berichteten also mehr Teilnehmer von bestehenden Konflikten und/oder ordneten diese schwerwiegender ein. Tatsächlich ist dieser Unterschied signifikant. So offenbarte ein t-Test für diese Vergleichsgruppen ein $p = 0{,}04$. Bei allen übrigen Fragen ergaben sich keine signifikanten Unterschiede zwischen den Gruppen. Der direkte Vergleich ist in Abb. 5.11 graphisch dargestellt.

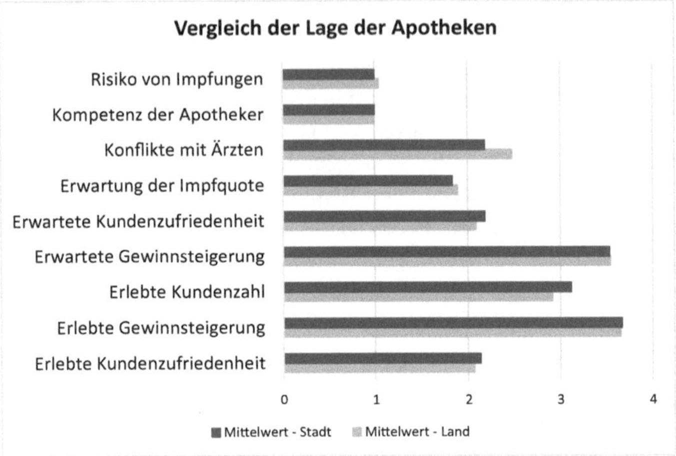

Abbildung 5.11 Vergleich der Antworten zwischen Apotheken in der Stadt (n = 60) und auf dem Land (n = 46). (Angegeben werden die erreichten Punkte im Mittelwert je Frage; Quelle: Eigene Daten)

5.2 Allgemeinmediziner

Im Rahmen dieser Forschungsarbeit wurden insgesamt 114 Allgemeinmediziner in Deutschland befragt, die regelmäßig Grippeimpfungen durchführen. Insgesamt 67 dieser Ärzte, das entspricht 58,8 %, gaben an, dass ihre Praxis im städtischen Raum liegen würde, während 47 Ärzte, entsprechend 41,2 %, in ländlichen Regionen verortet sind. Zur Ermittlung der Erfahrungswerte und Ansichten der befragten Ärzte wurden insgesamt acht Fragen an die Probanden gerichtet, die im Folgenden einzeln betrachtet werden. Zunächst werden die Antworten aller 114 Ärzte besprochen, anschließend werden die wichtigsten Erkenntnisse nach Themen sortiert zusammengefasst. Zuletzt wird untersucht, ob es Unterschiede zwischen Ärzten in der Stadt und auf dem Land gibt.

5.2.1 Wahrnehmungen und Erfahrungen

In der ersten Frage an die Ärzte wurden die Teilnehmer gebeten einzuschätzen, ob es seit der Einführung von Impfungen in Apotheken zu einem Rückgang der Impfungen in ihren Praxen gekommen sei. Der Großteil der befragten Ärzte

(43,86 %) antwortete hierauf mit „eher nein", 12,28 % antworteten mit „nein, deutlich". Insgesamt 37,72 % blieben bei der Antwort neutral und nur 6,14 % der befragten Ärzte gaben an, eher einen Rückgang beobachtet zu haben. Die Verteilung der Antworten auf diese erste Frage ist in Abb. 5.12 graphisch dargestellt.

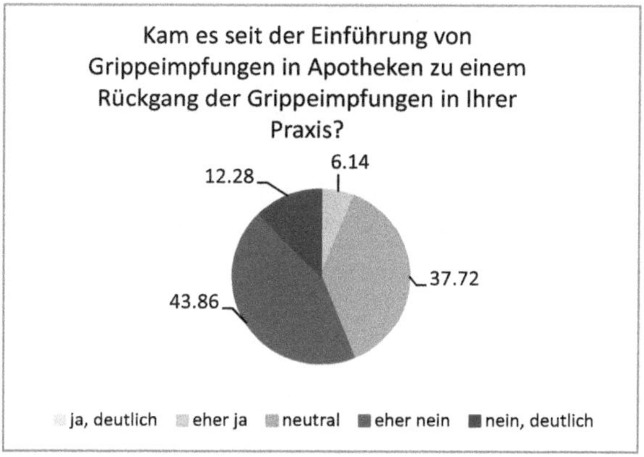

Abbildung 5.12 Antworten der Allgemeinmediziner auf Frage 1. (Angabe in Prozent; n = 114; Quelle: eigene Daten)

In der zweiten Frage wurden die Ärzte gefragt, ob sie das erweiterte Impfangebot als Arbeitserleichterung verstehen. Insgesamt 27,19 % der Befragten verneinte, 21,93 % bejahte diese Frage. Die Mehrheit von 50,88 % blieb bei dieser Frage neutral. Die Verteilung aller 114 Antworten ist in Abb. 5.13 graphisch dargestellt.

In Frage 3 wurde weiter nachgefragt, ob das erweiterte Impfangebot in Apotheken von den Ärzten als Konkurrenz verstanden werde. Eine deutliche Mehrheit der Ärzte verneinte dies. So gaben insgesamt 41,23 % die Antwort „eher nein", 16,67 % gaben sogar „deutlich nein" an. Insgesamt 31,58 % der befragten Ärzte blieben diesbezüglich neutral. Nur ein Anteil von 10,53 % der befragten Ärzte beantwortete die Frage nach dem Empfinden einer Konkurrenzsituation mit „eher ja". Die Verteilung der Antworten aller 114 Probanden ist in Abb. 5.14 graphisch dargestellt.

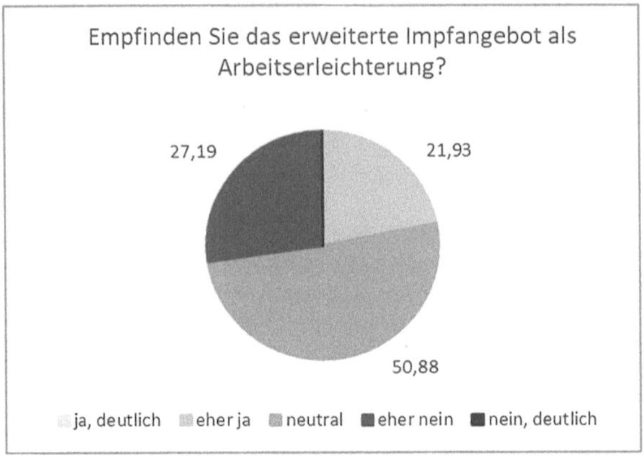

Abbildung 5.13 Antworten der Allgemeinmediziner auf Frage 2. (Angabe in Prozent; n = 114; Quelle: Eigene Daten)

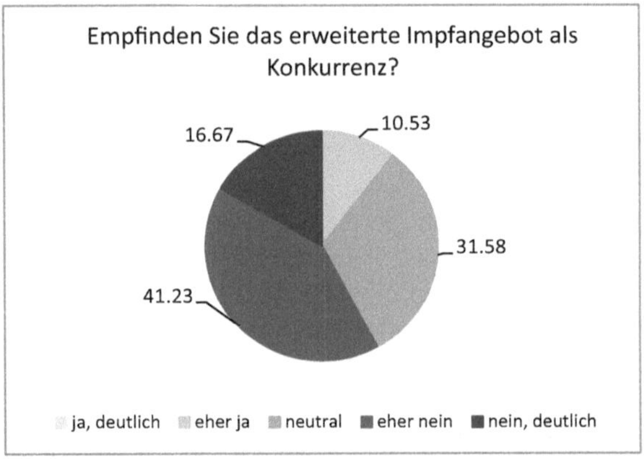

Abbildung 5.14 Antworten der Allgemeinmediziner auf Frage 3. (Angabe in Prozent; n = 114; Quelle: Eigene Daten)

Frage 4 beschäftigt sich mit den wirtschaftlichen Aspekten der Impfung und fragt ab, ob es bei den Ärzten zu finanziellen Einbußen kam, die auf das erweiterte Impfangebot zurückzuführen sind. Keiner der befragten Ärzte bejahte diese Frage und nur 6,14 % beantwortete die Frage mit „neutral". Die Mehrheit (48,25 %) verneinte deutlich, während 45,61 % der Befragten „eher nein" angaben. Die Verteilung aller 114 Antworten auf diese Frage ist in Abb. 5.15 graphisch dargestellt.

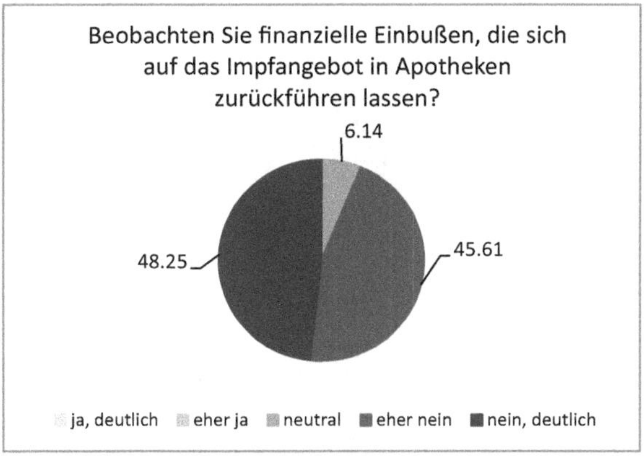

Abbildung 5.15 Antworten der Allgemeinmediziner auf Frage 4. (Angabe in Prozent; n = 114; Quelle: Eigene Daten)

Die fünfte Frage bezog sich auf mögliche Konflikte der befragten Allgemeinmediziner mit Apothekern in ihrer unmittelbaren Umgebung, die auf das erweiterte Impfangebot zurückzuführen sind. Die Mehrheit der Befragten (42,11 %) blieb bei dieser Frage neutral. Insgesamt 29,82 % verneinten eher, 21,05 % verneinten sogar deutlich. Nur 7,02 % beantwortete diese Frage mit „eher ja". Die Verteilung aller Antworten auf diese Frage ist in Abb. 5.16 graphisch dargestellt.

Die sechste Frage zielt auf die grundlegende Idee einer erhöhten Impfquote ab und fragt, ob Ärzte glauben, dass diese durch das erweiterte Impfangebot in Apotheken erhöht werden kann. Die Mehrheit der befragten Ärzte (42,98 %) beantwortet diese Frage mit „eher ja", 6,14 % sogar mit „ja, deutlich". Insgesamt 30,70 % der Befragten standen dieser Frage neutral gegenüber. Ein Fünftel der befragten Ärzte (20,18 %) gab sogar an, dass sie eher keine Steigerung der Impfquote insgesamt erwarten. Die Verteilung aller Antworten auf diese Frage ist in Abb. 5.17 graphisch dargestellt.

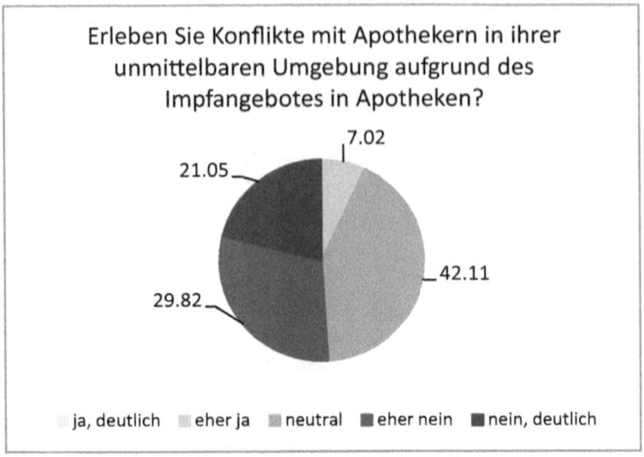

Abbildung 5.16 Antworten der Allgemeinmediziner auf Frage 5. (Angabe in Prozent; n = 114; Quelle: Eigene Daten)

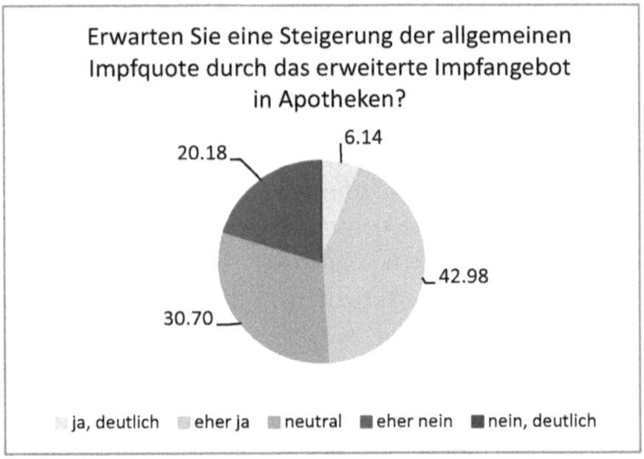

Abbildung 5.17 Antworten der Allgemeinmediziner auf Frage 6. (Angabe in Prozent; n = 114; Quelle: Eigene Daten)

Mit den letzten beiden Fragen soll weiteren potenziellen Ursachen für mögliche Konflikte zwischen Ärzten und Apothekern auf den Grund gegangen werden. So wurde in Frage 7 gefragt, ob die Allgemeinmediziner zertifizierte Apotheker grundsätzlich für ausreichend kompetent erachten, eine Impfung durchzuführen. Die Mehrheit der befragten Ärzte (45,61 %) beantwortete diese Frage mit „eher ja“, 1,75 % (das entspricht 2 von 114 Ärzten) antworteten sogar mit „ja, deutlich“. Insgesamt beantworteten 40,35 % der befragten Ärzte diese Frage neutral, bestätigten dem Apotheker somit weder eine Kompetenz, noch lehnten sie sie ab. 12,28 % der befragten Ärzte halten zertifizierte Apotheker für eher nicht ausreichend kompetent, eine Impfung eigenständig durchzuführen. Die Verteilung aller 114 Antworten ist in Abb. 5.18 graphisch dargestellt.

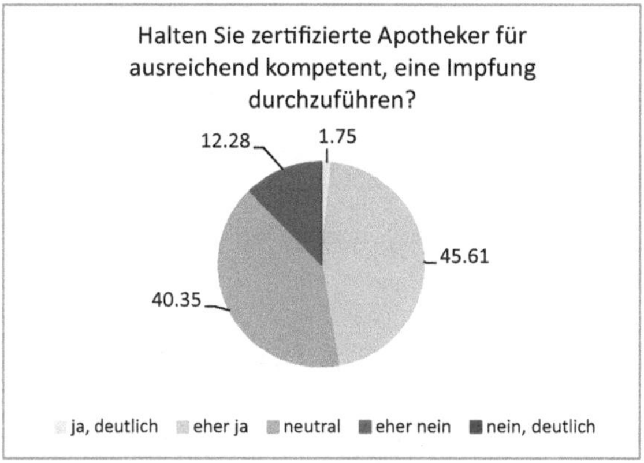

Abbildung 5.18 Antworten der Allgemeinmediziner auf Frage 7. (Angabe in Prozent; n = 114; Quelle: Eigene Daten)

Zuletzt wurden die Ärzte gefragt, wie hoch ihrer Erfahrung nach das Risiko ist, dass es im Zuge einer Grippeimpfung zu Komplikationen kommt, denen ein Apotheker nicht gewachsen sein könnte. Die Mehrheit der Ärzte (42,98 %) beantwortet diese Frage mit „gering“, 20,18 % sogar mir „sehr gering“. Allerdings antwortet ein Großteil der befragten Ärzte (35,09 %) diese Frage auch neutral und legt sich somit nicht eindeutig fest. Insgesamt 1,75 % der befragten Ärzte (das entspricht 2 von 114) schätzen das Risiko sogar als hoch ein. Die Verteilung aller Antworten auf diese Frage ist in Abb. 5.19 graphisch dargestellt.

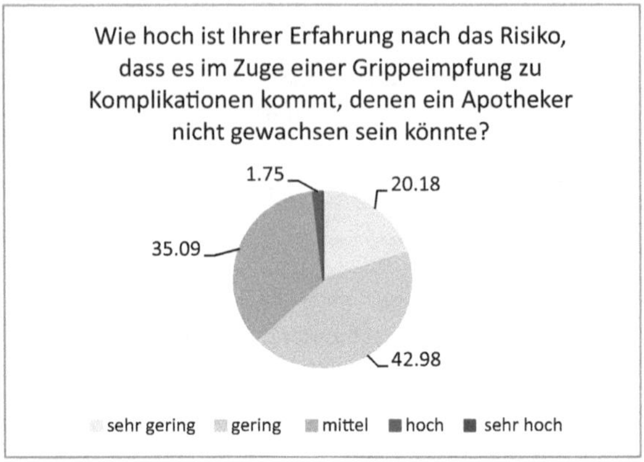

Abbildung 5.19 Antworten der Allgemeinmediziner auf Frage 8. (Angabe in Prozent; n = 114; Quelle: eigene Daten)

5.2.2 Zusammenfassung nach Themen

Für eine übersichtliche Darstellung der Ergebnisse werden an dieser Stelle die wichtigsten Erkenntnisse aus den Fragebögen an die Ärzte zusammengefasst. Dabei werden unterschiedliche Themenbereiche einzeln betrachtet. Zuvor findet sich in Abb. 5.20 eine zusammenfassende Darstellung der Antworten aller 114 Probanden auf alle 8 Fragen.

Grundsätzliches zum Impfangebot

Eine knappe Mehrheit der befragten Ärzte (50,78 %) erwartet keine Steigerung der Impfquote. Diese Zahl setzt sich aus neutralen Antworten (30,7 %) und „eher nein" (20,18 %; 23 von 114 Ärzte) zusammen. Nur 2 Ärzte (1,75 %) erwarten eine deutliche Steigung der Impfquote, während 45,61 % eine leichte Steigerung durch die Einführung von Impfungen in Apotheken erwarten. Insgesamt scheint die Ärzteschaft gegenüber diesem Vorhaben grundsätzlich eher etwas skeptisch gegenüberzustehen.

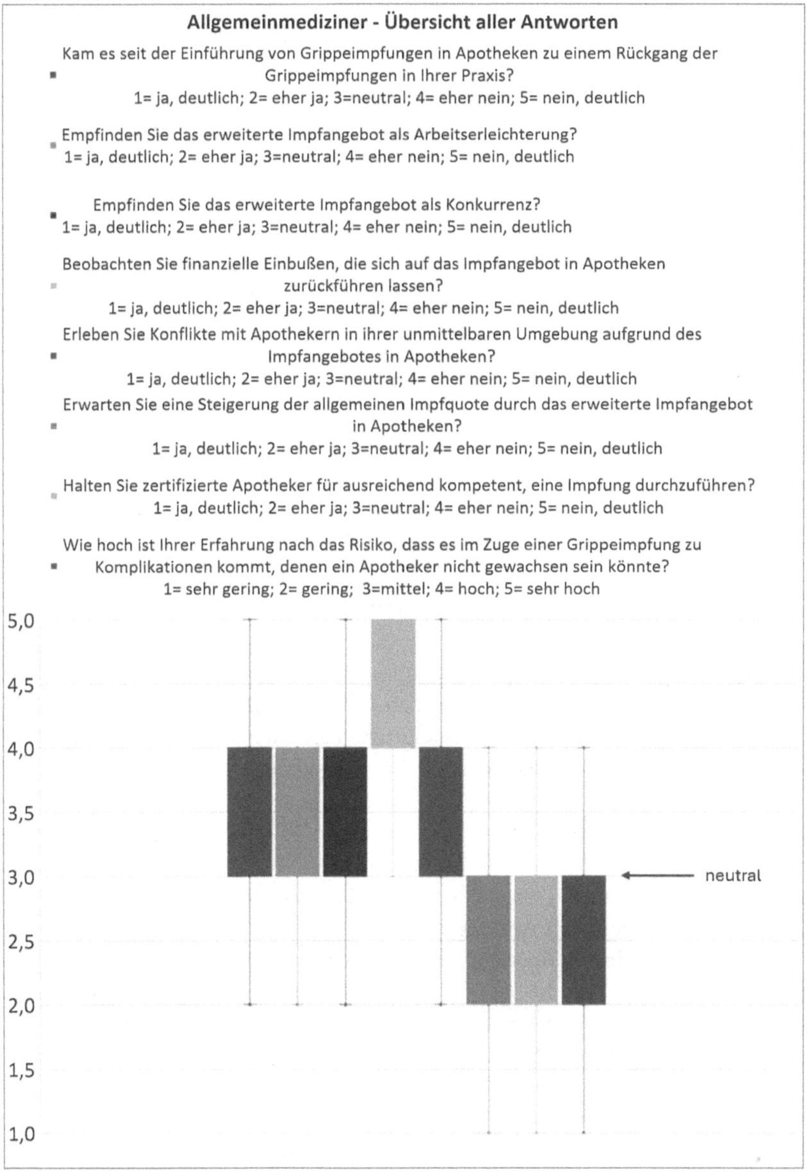

Abbildung 5.20 Zusammenfassende graphische Darstellung aller Antworten der 114 Allgemeinmediziner. (Fragen 1–4: wirtschaftliche Aspekte, 6: grundlegende Aspekte, 5, 7, 8: Konflikte; Quelle: Eigene Daten)

Wirtschaftliche Aspekte
Die Ärzte berichten einstimmig, dass sie aufgrund des erweiterten Impfangebots keinerlei finanzielle Einbußen spüren. Auch einen Rückgang der Grippeimpfungen in der eigenen Praxis beobachten nur sehr wenige (7 von 114). Grundsätzlich wird das erweiterte Impfangebot durch Apotheken eher als Arbeitserleichterung denn als Konkurrenz wahrgenommen, wobei die Ausprägung eher als gering einzuordnen ist.

Konflikte mit Apotheken
Nur die wenigsten der befragten Ätzte (8 von 114) berichten von Konflikten mit Apothekern in ihrer unmittelbaren Umgebung aufgrund des erweiterten Impfangebotes. Allerdings zeigt sich, dass knapp mehr als die Hälfte der befragten Allgemeinmediziner den für Impfungen zertifizierten Apothekern keine nennenswerte Kompetenz zusprechen, Grippeimpfungen vollumfänglich und selbstständig durchzuführen. Möglicherweise könnte eine kritischere Wahrnehmung bezüglich des Risikos dafür verantwortlich sein, dass nur von etwa 60 % der befragten Ärzte als gering eingestuft wird.

5.2.3 Unterschiede zwischen Stadt und Land

Um festzustellen, ob es in den Antworten der Allgemeinmediziner regionale Unterschiede gibt, wurden die Probanden zwischen Stadt und ländlicher Lage differenziert. Wie bereits anfangs erläutert, setzten sich die 114 befragten Ärzte aus 67 Arztpraxen in der Stadt und 47 Praxen auf dem Land zusammen. Beim Vergleich der gegebenen Antworten auf alle 8 Fragen zeigt sich, dass es kaum nennenswerten Unterschiede zwischen den beiden Teilgruppen gibt. Lediglich bei zwei Fragen offenbarte der t-Test einen signifikanten Unterschied zwischen den Antworten von Ärzten mit einer Praxis in einer Stadt oder mit Praxen im ländlichen Raum. So zeigen sich Ärzte in der Stadt etwas optimistischer in Bezug auf die Erwartung an eine Steigerung der Impfquote durch das erweiterte Impfangebot in Apotheken. Hier liegt der p-Wert bei 0,019. Ebenfalls ein signifikanter Unterschied konnte bei der Frage nach einem beobachteten Rückgang der Grippeimpfung in der eigenen Praxis seit Einführung des erweiterten Impfangebotes festgestellt werden. So ergab sich in dieser Vergleichsgruppe ein $p = 0{,}05$, wobei beide Gruppen mehrheitlich neutral antworteten, dass Ärzte in der Stadt eher einen Rückgang beobachten als Ärzte auf dem Land. Bei allen übrigen Fragen ergaben sich keine signifikanten Unterschiede zwischen den Gruppen. Der direkte Vergleich ist in Abb. 5.21 graphisch dargestellt.

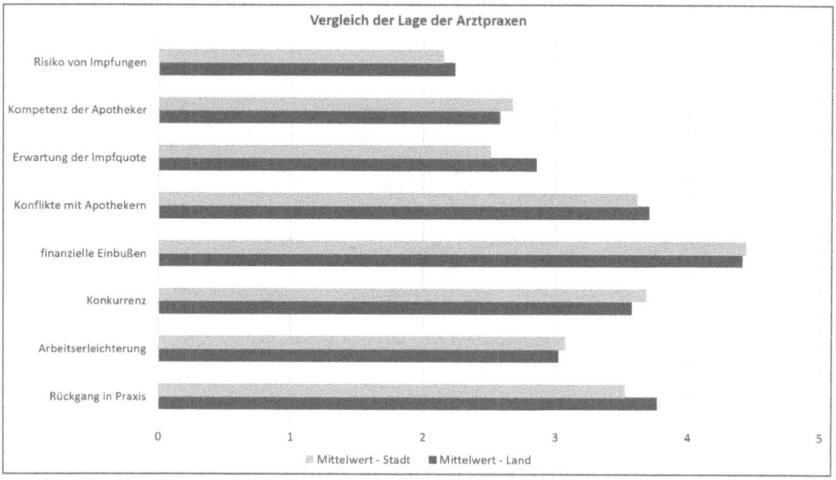

Abbildung 5.21 Vergleich der Antworten zwischen Allgemeinmedizinern in der Stadt (n = 67) und auf dem Land (n = 47). (Angegeben werden die erreichten Punkte im Mittelwert je Frage; Quelle: Eigene Daten)

5.3 Gesetzliche Krankenkassen

Im Rahmen dieser Forschungsarbeit wurden insgesamt 22 gesetzliche Krankenkassen in Deutschland bezüglich der Grippeimpfungen als freiwillige Zusatzleistung in Apotheken befragt. Zur Ermittlung der Erfahrungswerte und Erwartungen wurden insgesamt sechs Fragen an die Probanden gerichtet, die im Folgenden einzeln betrachtet werden.

5.3.1 Wahrnehmungen und Erfahrungen

In den ersten beiden Fragen wurden Vertreter der gesetzlichen Krankenkassen nach ihren grundsätzlichen Erwartungen an das erweiterte Impfangebot befragt. Dabei zeigt sich, dass die absolute Mehrheit der Befragten eine Steigerung der Impfquote erwartet, wobei 59,09 % dies eher bejahen und 27,27 % deutlich. Insgesamt 9,09 % beantworteten diese Frage mit „neutral“ und nur 4,55 % (das entspricht einem von 22 Befragten) glauben eher nicht, dass sich die Impfquote durch das erweiterte Impfangebot in Apotheken steigern lässt. Die Verteilung aller 22 Antworten auf diese Frage ist in Abb. 5.22 graphisch dargestellt.

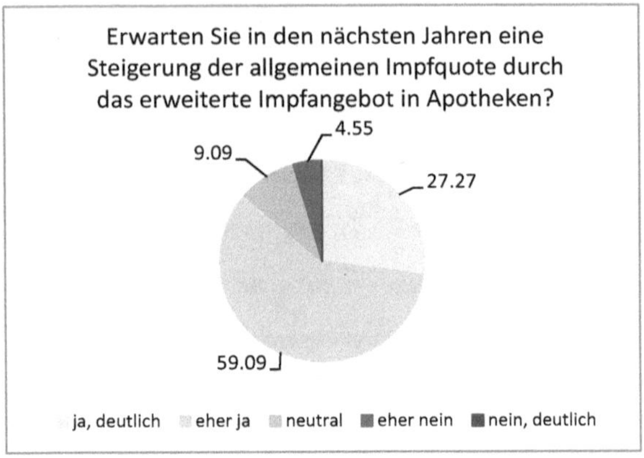

Abbildung 5.22 Antworten der gesetzlichen Krankenkassen auf Frage 1. (Angabe in Prozent; n = 22; Quelle: Eigene Daten)

In der zweiten Frage wurden die Probanden gebeten, ihre Erwartung bezüglich der Finanzierung von Grippeimpfungen anzugeben. So zeigte sich, dass die Hälfte der befragten Krankenkassen (50 %) erwartet, dass sich die Kosten für Grippeimpfungen in Zukunft durch das erweiterte Impfangebot reduzieren lassen. Insgesamt 36,36 % der Befragten beantworteten diese Frage mit „neutral" und 13,64 % erwarteten in Zukunft eher keine Senkung der Kosten. Die Verteilung aller abgegebenen Antworten ist in Abb. 5.23 graphisch dargestellt.

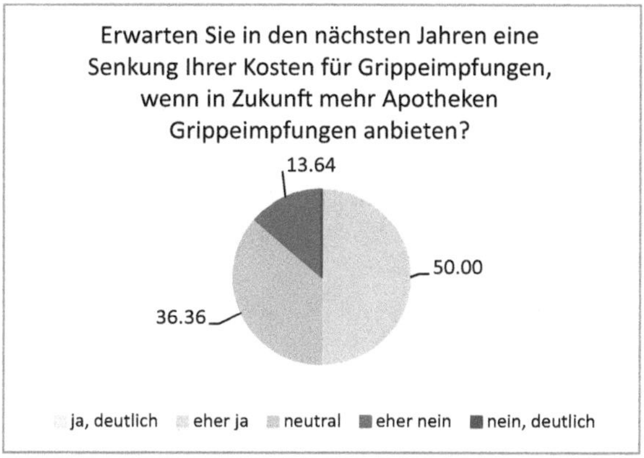

Abbildung 5.23 Antworten der gesetzlichen Krankenkassen auf Frage 2. (Angabe in Prozent; n = 22; Quelle: Eigene Daten)

Die folgenden Fragen zielten anstelle von Erwartungen auf tatsächliche Erfahrungen der Krankenkassen seit der Einführung von Grippeimpfungen in Apotheken. So stellte die Mehrheit (59,09 %) der Befragten fest, dass zum aktuellen Zeitpunkt eher keine Reduktion der Kosten für Grippeimpfungen eingetreten ist. Die übrigen 40,91 % beantworteten diese Frage mit „neutral“, konnten sich also auf keine Änderung der Kosten in die eine oder andere Richtung festlegen. Die Verteilung der Antworten aller 22 befragten gesetzlichen Krankenkassen auf diese Frage ist in Abb. 5.24 graphisch dargestellt.

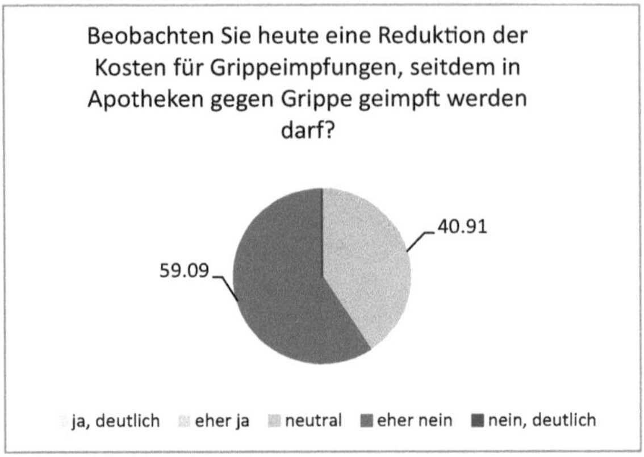

Abbildung 5.24 Antworten der gesetzlichen Krankenkassen auf Frage 3. (Angabe in Prozent; n = 22; Quelle: Eigene Daten)

Die vierte Frage überprüft, ob zum aktuellen Zeitpunkt bereits eine Steigerung der Impfquote wahrgenommen wird. Diese Frage beantwortete die Mehrheit der gesetzlichen Krankenkassen (68,18 %) mit „eher ja". Die übrigen 31,82 % blieben bei dieser Frage neutral. Die Verteilung aller Antworten ist in Abb. 5.25 graphisch dargestellt.

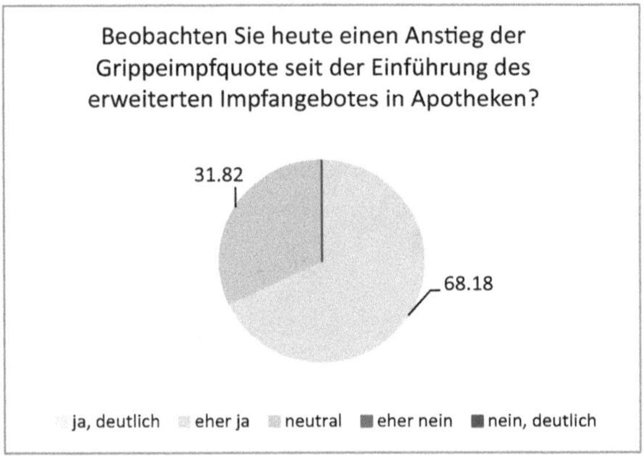

Abbildung 5.25 Antworten der gesetzlichen Krankenkassen auf Frage 4. (Angabe in Prozent; n = 22; Quelle: Eigene Daten)

Zusätzlich wurde mit der fünften Frage abgefragt, ob es seit der Einführung der Grippeimpfung in Apotheken zu einem spürbaren Rückgang von Grippeimpfungen in Arztpraxen gekommen sei. Diese Frage beantwortete die Mehrheit der befragten gesetzlichen Krankenkassen (59,09 %) mit „eher nein", sogar 27,27 % wählten die Antwort „nein, deutlich" aus. Nur 13,64 % der Probanden blieb bei dieser Frage neutral. Niemand stimmte für eine der beiden Antwortmöglichkeiten, die für einen Rückgang der Grippeimpfung in Arztpraxen sprechen. Die Verteilung aller 22 abgegebenen Antworten auf dieser Frage ist in Abb. 5.26 graphisch dargestellt.

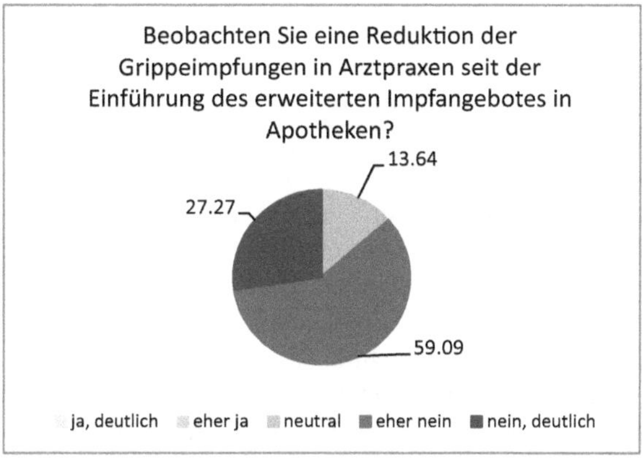

Abbildung 5.26 Antworten der gesetzlichen Krankenkassen auf Frage 5. (Angabe in Prozent; n = 22; Quelle: Eigene Daten)

Mit der letzten Frage wurde eine grundsätzliche Frage geklärt, die exakt so auch in den anderen Probandengruppen gestellt wurde, nämlich ob für Impfungen zertifizierte Apotheker als ausreichend kompetent erachtet werden, Impfungen eigenständig durchzuführen. Diese Frage beantwortete die Mehrheit der Befragten (81,82 %) mit „ja, deutlich". Die restlichen 18,18 % stimmten für „eher ja". Kein einziger Proband dieser Gruppe sprach den betreffenden Apothekern diese Kompetenz ab oder blieb auch nur neutral bei dieser Frage. Die Verteilung aller Antworten auf diese Frage ist in Abb. 5.27 graphisch dargestellt.

Abbildung 5.27 Antworten der gesetzlichen Krankenkassen auf Frage 6. (Angabe in Prozent; n = 22; Quelle: Eigene Daten)

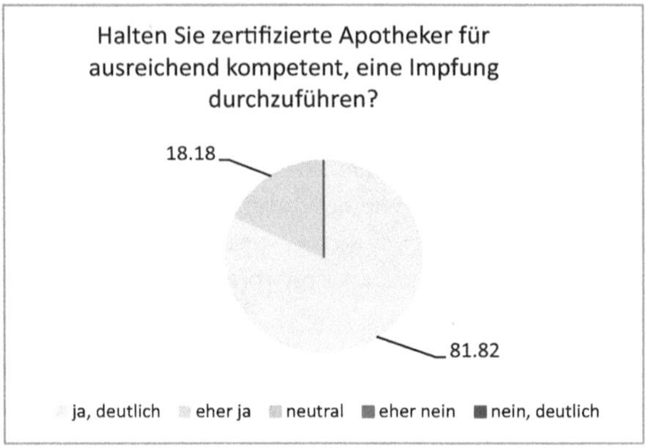

5.3.2 Zusammenfassung

Die Befragung der 22 gesetzlichen Krankenkassen in Deutschland liefert aufschlussreiche Erkenntnisse zur Einführung der Grippeimpfungen in Apotheken. Eine deutliche Mehrheit der Befragten erwartet eine Steigerung der Impfquote durch das erweiterte Impfangebot, eine Einschätzung, die bereits teilweise durch erste Erfahrungen bestätigt wird. Hinsichtlich der Kosten zeigt sich ein differenziertes Bild: Während die Hälfte der Krankenkassen von zukünftigen Kostensenkungen ausgeht, konnte bisher noch keine Reduktion der Impfkosten festgestellt werden. Dies deutet auf eine anfängliche Stabilisierung der Kosten, bevor mögliche Einsparungen wirksam werden. Interessanterweise berichten die Krankenkassen von keinem signifikanten Rückgang der Grippeimpfungen in Arztpraxen, was darauf hinweist, dass das erweiterte Angebot in Apotheken eine ergänzende Rolle einnimmt, ohne die bestehenden Strukturen wesentlich zu beeinträchtigen. Auffällig ist die hohe Kompetenzzuschreibung an die für Impfungen zertifizierten Apotheker: Die Mehrheit der Befragten betrachtet sie als ausreichend qualifiziert, um Impfungen eigenständig durchzuführen. In der Zusammenschau stehen die gesetzlichen Krankenkassen dem erweiterten Impfangebot in Apotheken überwiegend positiv gegenüber. Sie erwarten nicht nur eine Steigerung der Impfquote, sondern auch potenzielle Kostenvorteile und eine qualitative Ergänzung des bestehenden Gesundheitssystems. Eine zusammenfassende Darstellung aller abgegebenen Antworten der befragten gesetzlichen Krankenkassen ist in Abb. 5.28 dargestellt.

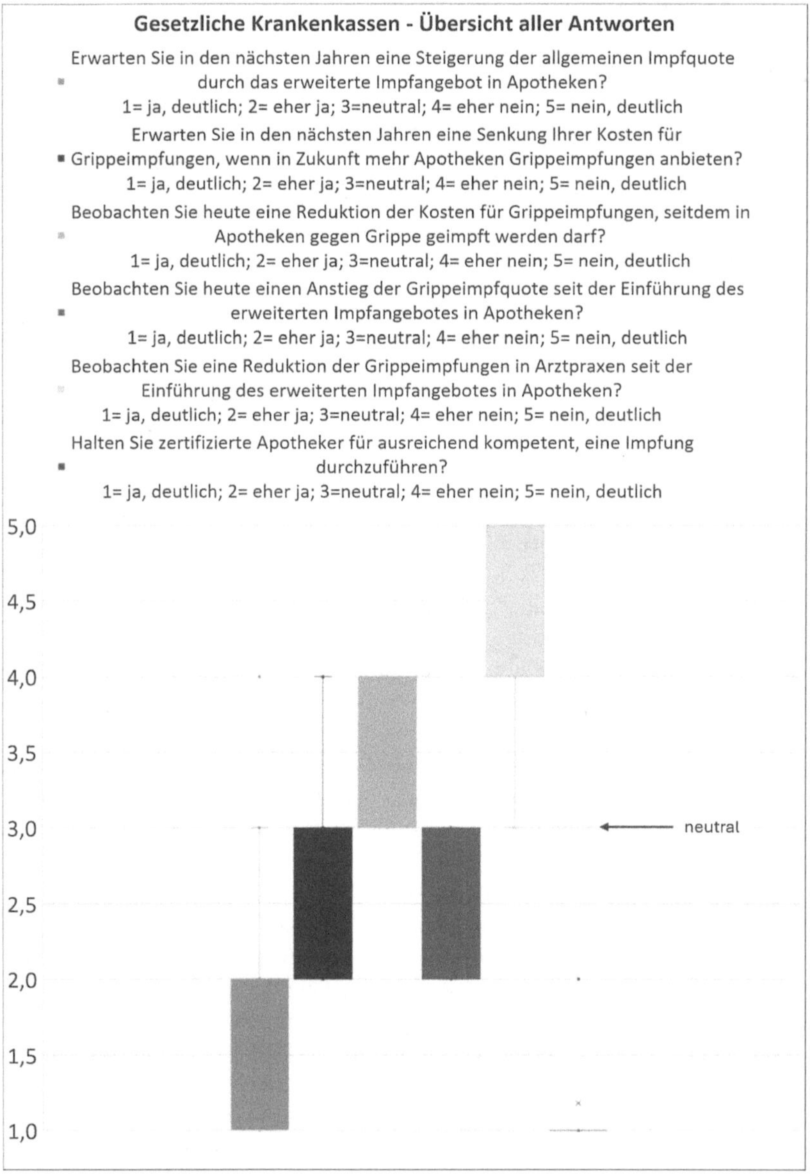

Abbildung 5.28 Zusammenfassende graphische Darstellung aller Antworten der 22 gesetzlichen Krankenkassen. (Fragen 1, 4, 5: grundlegende Aspekte, 2–3: wirtschaftliche Aspekte, 6: Konflikte; Quelle: Eigene Daten)

5.4 Prüfung der Hypothesen

In diesem Kapitel werden die zuvor formulierten Hypothesen auf der Grundlage der erhobenen Daten und statistischen Auswertungen überprüft. Ziel ist es, die Hypothesen hinsichtlich der Auswirkungen von Grippeimpfungen in Apotheken zu bestätigen oder zu widerlegen. Hierbei werden sowohl die Erwartungen als auch die Erfahrungen der befragten Probandengruppen berücksichtigt. In den folgenden Kapiteln wird jede Hypothese einzeln vorgestellt und im Kontext der gewonnenen Erkenntnisse analysiert.

5.4.1 Hypothese 1

Wir nehmen an, dass sich durch Impfungen in Apotheken die Impfquote erhöht.

Um die Hypothese zu überprüfen, wurden die Ansichten und Erfahrungen der gesetzlichen Krankenkassen und Allgemeinmediziner zu den Auswirkungen des erweiterten Impfangebots in Apotheken erfasst und ausgewertet. Die Befragung der gesetzlichen Krankenkassen ergab, dass eine überwältigende Mehrheit (86,36 %) der Befragten eine Steigerung der Impfquote durch das erweiterte Angebot in Apotheken erwartet. Zudem gaben 68,18 % der Krankenkassen an, bereits eine tatsächliche Steigerung der Impfquote beobachtet zu haben. Diese Einschätzungen deuten auf eine positive Wirkung des neuen Impfangebots hin.

Auch die Meinungen der Allgemeinmediziner unterstützen diese Annahme. Eine Mehrheit von 49,12 % der befragten Ärzte geht davon aus, dass die Impfquote durch das erweiterte Impfangebot steigen könnte. Ärzte in städtischen Gebieten zeigten sich dabei signifikant optimistischer bezüglich einer möglichen Steigerung der Impfquote, was durch einen p-Wert von 0,019 belegt wird.

Um die subjektiven Einschätzungen der Probanden zur potenziellen und beobachteten Steigerung der Impfquote durch Impfungen in Apotheken statistisch abzusichern, wurde ein Chi-Quadrat-Goodness-of-Fit-Test durchgeführt. Dieser Test ermöglicht es, zu überprüfen, ob die Verteilung der abgegebenen Antworten signifikant von einer theoretischen Verteilung abweicht, was auf eine systematische Beurteilung der Fragestellung durch die Probanden hinweisen würde. Als theoretische (erwartete) Verteilung wurde eine gleichmäßige Verteilung aller Antwortmöglichkeiten zugrunde gelegt, was gleichermaßen im Mittelwert eine Neutrale Aussage bedeutet. Die Ergebnisse sind zusammengefasst in Tab. 5.1 dargestellt.

Tabelle 5.1 Übersicht über die Ergebnisse der statistischen Auswertung zur Hypothese 1 (Chi-Quadrat Goodness-of-Fit-Test)

Probandengruppe	Frage	χ^2\chi^2 χ^2	p-Wert	Bewertung der Hypothese
Gesetzliche Krankenkassen	Frage 4: „Beobachten Sie einen Anstieg der Impfquote seit Einführung der Apothekenimpfungen?“	**35,87**	**3,07E-07**	hochsignifikant
Gesetzliche Krankenkassen	Frage 1: „Erwarten Sie eine Steigerung der Impfquote durch Apothekenimpfungen in Zukunft?“	**21,33**	**0,00027**	signifikant
Apotheken	Frage 6: „Erwarten Sie eine Steigerung der allgemeinen Impfquote?“	**100,63**	**7,22E-21**	hochsignifikant
Allgemeinmediziner	Frage 6: „Erwarten Sie eine Steigerung der Impfquote durch das erweiterte Impfangebot?“	**47,59**	**1,15E-09**	hochsignifikant

Quelle: eigene Daten

1. Ergebnisse der gesetzlichen Krankenkassen

- **Frage 4**: „Beobachten Sie heute einen Anstieg der Grippeimpfquote seit der Einführung des erweiterten Impfangebotes in Apotheken?“ Der Chi-Quadrat-Goodness-of-Fit-Test ergab einen Teststatistik-Wert von $\chi^2 = 35{,}87$ und einen p-Wert von $p = 3{,}07E\text{-}07$. Dies zeigt eine hochsignifikante Abweichung von der erwarteten Verteilung, was darauf hindeutet, dass die Mehrheit der befragten Krankenkassen einen Anstieg der Impfquote beobachtet hat. Dies bestätigt die Wahrnehmung der Probanden, dass das erweiterte Impfangebot einen Einfluss auf die Impfquote hat.
- **Frage 1**: „Erwarten Sie in den nächsten Jahren eine Steigerung der allgemeinen Impfquote durch das erweiterte Impfangebot in Apotheken?“ Auch hier zeigt sich mit $\chi^2 = 21{,}33$ und einem p-Wert von $p = 0{,}00027$, dass die Antworten signifikant von einer gleichmäßigen Verteilung abweichen. Dies deutet darauf

hin, dass die Mehrheit der befragten Krankenkassen eine positive Erwartung hinsichtlich einer zukünftigen Steigerung der Impfquote hat.

2. Ergebnisse der Apotheken

- **Frage 6**: „Erwarten Sie eine Steigerung der allgemeinen Impfquote durch das erweiterte Impfangebot in Apotheken?“ Mit $\chi^2 = 100{,}63$ und einem p-Wert von $p = 7{,}22E\text{-}21$ zeigt sich auch bei den befragten Apothekern eine hochsignifikante Abweichung von der theoretischen Verteilung. Dies legt nahe, dass eine große Mehrheit der Apotheken von einem positiven Einfluss des erweiterten Impfangebots auf die Impfquote ausgeht.

3. Ergebnisse der Allgemeinmediziner

- **Frage 6**: „Erwarten Sie eine Steigerung der allgemeinen Impfquote durch das erweiterte Impfangebot in Apotheken?“ Auch bei den befragten Allgemeinmedizinern zeigt der Chi-Quadrat-Goodness-of-Fit-Test eine deutliche Abweichung von der erwarteten Verteilung $\chi^2 = 47{,}59$ mit einem p-Wert von $p = 1{,}15E\text{-}09$. Dies bestätigt die Beobachtung, dass die Mehrheit der Allgemeinmediziner eine Steigerung der Impfquote durch das erweiterte Angebot erwartet.

Diese statistischen Analysen bestätigen, dass sowohl die Erwartungen als auch die Beobachtungen der gesetzlichen Krankenkassen, Apotheker und Allgemeinmediziner signifikant von einer neutralen oder zufälligen Antwortverteilung abweichen. Diese Ergebnisse stützen die Annahme, dass das erweiterte Impfangebot in Apotheken einen positiven Einfluss auf die Impfquote hat, wie es in der Hypothese formuliert wurde.

Schlussfolgerung zur Bewertung der Hypothese 1

Die statistische Analyse mittels Chi-Quadrat-Goodness-of-Fit-Tests hat gezeigt, dass die Verteilung der Antworten zur Einschätzung der Auswirkungen des erweiterten Impfangebots in Apotheken signifikant von einer zufälligen Verteilung abweicht. Sowohl die gesetzlichen Krankenkassen als auch die Apotheker und Allgemeinmediziner zeigen eine klare Tendenz in ihren Antworten, die überwiegend auf eine erwartete oder wahrgenommene Steigerung der Impfquote hinweist. Dabei ist zu betonen, dass es sich bei diesen Ergebnissen um subjektive Einschätzungen handelt, die größtenteils auf Erwartungen basieren. Tatsächliche objektive Daten zur Entwicklung der Impfquote konnten in dieser Studie nicht erhoben werden.

Trotz der subjektiven Natur der Befragungen liefern die positiven Erwartungen der Befragten deutliche Hinweise darauf, dass das erweiterte Impfangebot in Apotheken einen Einfluss auf die Impfquote haben könnte. Die **Hypothese 1**, dass sich durch Impfungen in Apotheken die Impfquote erhöht, wird durch die vorliegenden Daten unterstützt und kann daher als **vorläufig bestätigt** angesehen werden.

5.4.2 Hypothese 2

Wir nehmen an, dass das Impfangebot für Apotheken einen wirtschaftlichen Vorteil darstellt.

Die Auswertung der Befragungsdaten von Apotheken legt nahe, dass die Hypothese, welche einen wirtschaftlichen Vorteil des Impfangebots für Apotheken annimmt, nicht bestätigt werden kann. Die erhobenen Ergebnisse zeigen, dass die Mehrheit der befragten Apotheken keine signifikanten finanziellen Gewinne durch das Impfangebot verzeichnet (57,54 %), dabei blieben 41,51 % der Befragten bei ihrer Antwort neutral und nur 0,94 % (das entspricht 1 von 106 Apotheken) gab eine leichte Gewinnsteigerung an. Diese Befunde stehen im Kontrast zu den anfänglichen Annahmen, die davon ausgingen, dass die Integration von Impfungen in den Leistungskatalog der Apotheken einen ökonomischen Anreiz darstellt. Auch für die Zukunft werden von den meisten Apotheken (50 %) keine Gewinnsteigerungen erwartet, 44,37 % blieben neutral und nur 5,66 % (das entspricht 6 von 106 Apotheken) erwarten eine tatsächlich Gewinnsteigerung. Deutlich positiver scheint sich das Impfangebot auf die Kundenzufriedenheit auszuwirken, die von der Mehrheit (75,47 %) als gesteigert bewertet wird. Dennoch ließ sich hieraus scheinbar keine Steigerung der Kundenzahl requirieren, denn nur 19,81 % der befragten Apotheken stimmten einer solchen Beobachtung zu.

Um die Aussagekraft dieser Einschätzungen weiter zu überprüfen und sicherzustellen, dass die beobachteten Ergebnisse nicht zufällig zustande gekommen sind, wurde ein Chi-Quadrat-Goodness-of-Fit-Test durchgeführt. Dieser Test überprüft, ob die Verteilung der Antworten signifikant von einer zufälligen Verteilung abweicht und somit eine systematische Tendenz aufweist. Dabei wurden alle vier Fragen betrachtet, die der Rubrik „Wirtschaft" zugeordnet werden können (siehe auch Abb. 5.10).

Die Ergebnisse der statistischen Analyse zeigen in allen vier relevanten Fragen hochsignifikante Abweichungen von einer zufälligen Verteilung (siehe Tab. 5.2):

Tabelle 5.2 Übersicht über die Ergebnisse der statistischen Auswertung zur Hypothese 2 (Chi-Quadrat Goodness-of-Fit-Test)

Probandengruppe	Frage	χ^2	p-Wert	Bewertung der Hypothese
Apotheken	Frage 1: „Erleben Sie eine gesteigerte Kundenzufriedenheit durch das Impfangebot?"	**114,5924528**	**7,62E-24**	hochsignifikant
	Frage 2: „Erleben Sie eine Gewinnsteigerung durch das Impfangebot?"	**106,8566038**	**3,40571E-22**	hochsignifikant
	Frage 3: „Erleben Sie einen Anstieg der Kundenzahl durch das Impfangebot?"	**96,29056604**	**6,06E-20**	hochsignifikant
	Frage 4: „Erwarten Sie für die Zukunft eine Steigerung Ihres Gewinnes durch Impfangebote?"	**85,91320755**	**9,71E-18**	hochsignifikant

Quelle: eigene Daten

- **Frage 1:** „Erleben Sie eine gesteigerte Kundenzufriedenheit durch das Impfangebot?"

  Der Chi-Quadrat-Goodness-of-Fit-Test ergab einen Teststatistik-Wert von $\chi^2 = 114{,}59$ und einen p-Wert von p = 7,62E-24. Diese Frage zeigt eine hochsignifikante Abweichung, was darauf hindeutet, dass die Mehrheit der Apotheken tatsächlich eine gesteigerte Kundenzufriedenheit beobachtet.
- **Frage 2:** „Erleben Sie eine Gewinnsteigerung durch das Impfangebot?" Der Chi-Quadrat-Goodness-of-Fit-Test ergab einen Teststatistik-Wert von $\chi^2 = 106{,}86$ und einen p-Wert vin p = 3,41E-22. Trotz der hohen Kundenzufriedenheit wird hier deutlich, dass die Apotheken keine Gewinnsteigerung in Verbindung mit dem Impfangebot feststellen. Auch dieses Ergebnis ist hochsignifikant, was auf eine klare Tendenz in den Antworten hinweist.
- **Frage 3:** „Erleben Sie einen Anstieg der Kundenzahl durch das Impfangebot?" Der Chi-Quadrat-Goodness-of-Fit-Test ergab einen Teststatistik-Wert von $\chi^2 = 96{,}29$ und einen p-Wert p = 6,06E-20. Die Analyse zeigt auch hier, dass die

meisten Apotheken keinen signifikanten Anstieg der Kundenzahl durch das Impfangebot verzeichnen. Dieses Ergebnis ist ebenfalls hochsignifikant.

- **Frage 4:** „Erwarten Sie für die Zukunft eine Steigerung Ihres Gewinnes durch Impfangebote?" Der Chi-Quadrat-Goodness-of-Fit-Test ergab einen Teststatistik-Wert von $\chi^2 = 85{,}91$ und einen p-Wert von $p = 9{,}71E\text{-}18$. Auch die Erwartungen für die Zukunft spiegeln eine eher pessimistische Sicht wider, was zukünftige Gewinnsteigerungen betrifft. Die Verteilung der Antworten weicht signifikant von einer zufälligen Verteilung ab.

Diese hochsignifikanten Ergebnisse bestätigen, dass die beobachteten Antwortverteilungen, wie sie oben vorgestellt wurden, nicht zufällig sind. Obwohl die Apotheken eine gesteigerte Kundenzufriedenheit durch das Impfangebot wahrnehmen, spiegelt sich dies nicht in einer direkten wirtschaftlichen Gewinnsteigerung wider. Auch ein Anstieg der Kundenzahl wird mehrheitlich nicht beobachtet, und die Zukunftsaussichten bezüglich eines finanziellen Vorteils werden überwiegend skeptisch eingeschätzt.

Schlussfolgerung zur Bewertung der Hypothese 2
Die **Hypothese 2**, dass das Impfangebot für Apotheken einen klaren wirtschaftlichen Vorteil darstellt, kann daher auf Basis dieser Befunde **nicht bestätigt** werden. Stattdessen deuten die Ergebnisse darauf hin, dass das Impfangebot zwar zu einer Verbesserung der Kundenzufriedenheit führt, die erhofften finanziellen Vorteile jedoch bisher ausbleiben. Möglicherweise spielen dabei andere Faktoren, wie z. B. der organisatorische Aufwand oder zusätzliche Kosten, eine Rolle, die die wirtschaftlichen Gewinne überlagern.

5.4.3 Hypothese 3

Wir nehmen an, dass sich durch Impfungen in Apotheken die Kosten für Impfungen insgesamt reduzieren.

Die Auswertung der Befragungsdaten von 22 gesetzlichen Krankenkassen zeigt ein differenziertes Bild hinsichtlich der Kostenentwicklung im Zusammenhang mit der Einführung von Grippeimpfungen in Apotheken. Während die Hälfte der befragten Krankenkassen eine zukünftige Senkung der Impfkosten erwartet, konnte bisher keine klare Reduktion festgestellt werden. Ein Großteil der Krankenkassen (59,09 %) berichtete, dass sie bisher keine signifikante Reduktion der Impfkosten beobachtet haben. Die Daten deuten darauf hin, dass sich die Kosten für Grippeimpfungen vorerst stabilisiert haben, bevor mögliche Einsparungen wirksam werden können. Dies könnte darauf hindeuten, dass die Effekte des erweiterten Impfangebots in Apotheken möglicherweise noch nicht vollständig zum Tragen gekommen sind.

Um die Aussagekraft der erhobenen Daten zu untermauern und zu prüfen, ob die beobachteten Verteilungen signifikant von einer zufälligen Verteilung abweichen, wurde ein Chi-Quadrat-Goodness-of-Fit-Test durchgeführt. Dieser Test soll sicherstellen, dass die Ergebnisse der Befragung nicht auf Zufälligkeiten beruhen, sondern systematische Muster in den Antworten widerspiegeln (Tab. 5.3).

Tabelle 5.3 Übersicht über die Ergebnisse der statistischen Auswertung zur Hypothese 3 (Chi-Quadrat Goodness-of-Fit-Test)

Probandengruppe	Frage	χ^2	p-Wert	Bewertung der Hypothese
Gesetzliche Krankenkassen	Frage 2: „Erwarten Sie in den nächsten Jahren eine Senkung Ihrer Kosten für Grippeimpfungen, wenn in Zukunft mehr Apotheken Grippeimpfungen anbieten?“	**17,69090909**	**1,42E-03**	signifikant
	Frage 3: „Beobachten Sie heute eine Reduktion der Kosten für Grippeimpfungen, seitdem in Apotheken gegen Grippe geimpft werden darf?“	**30,41818182**	**4,02286E-06**	hochsignifikant

Quelle: eigene Daten

Die statistische Analyse ergab folgende Ergebnisse:

- **Frage 2:** „Erwarten Sie in den nächsten Jahren eine Senkung Ihrer Kosten für Grippeimpfungen, wenn in Zukunft mehr Apotheken Grippeimpfungen anbieten?“ Der Chi-Quadrat-Goodness-of-Fit-Test ergab einen Teststatistik-Wert von $\chi^2 = 17{,}69$ und einen p-Wert von $p = 1{,}42\text{E-}03$. Diese Frage zeigt eine signifikante Abweichung von einer zufälligen Verteilung, was darauf hindeutet, dass die Meinungen der Krankenkassen zur zukünftigen Kostenentwicklung klar tendieren. Etwa die Hälfte der befragten Krankenkassen erwartet, dass sich die Kosten für Grippeimpfungen in den kommenden Jahren durch das Impfangebot in Apotheken verringern werden.
- **Frage 3:** „Beobachten Sie heute eine Reduktion der Kosten für Grippeimpfungen, seitdem in Apotheken gegen Grippe geimpft werden darf?“ Der Chi-Quadrat-Goodness-of-Fit-Test ergab einen Teststatistik-Wert von $\chi^2 = 30{,}42$ und einen p-Wert von $p = 4{,}02\text{E-}06$. Hier zeigt sich eine hochsignifikante Abweichung, die darauf hindeutet, dass die Mehrheit der Krankenkassen aktuell keine Reduktion der Impfkosten beobachtet. Dies unterstützt die Annahme, dass mögliche Kosteneinsparungen durch das Impfangebot in Apotheken bislang noch nicht realisiert wurden.

Die Ergebnisse des Chi-Quadrat-Goodness-of-Fit-Tests zeigen somit, dass die Verteilungen der Antworten signifikant von einer zufälligen Verteilung abweichen und dass klare Tendenzen in den Einschätzungen der Krankenkassen bestehen. Es wird deutlich, dass die Krankenkassen zwar langfristig eine Kostenreduktion durch das Impfangebot in Apotheken erwarten, dies jedoch aktuell noch nicht beobachtet werden kann. Weitere Studien und eine fortlaufende Überwachung der Kostenentwicklung sind notwendig, um eine fundierte Beurteilung darüber abzugeben, ob das Impfangebot in Apotheken langfristig zu einer signifikanten Kostenreduktion im Gesundheitssystem führt.

Schlussfolgerung zur Bewertung der Hypothese 3

Die Ergebnisse deuten insgesamt darauf hin, dass potenzielle Einsparungen durch das erweiterte Impfangebot in Apotheken möglicherweise erst in der Zukunft sichtbar werden. Daher kann die **Hypothese 3**, dass sich durch Impfungen in Apotheken die Kosten für Impfungen insgesamt reduzieren, zum gegenwärtigen Zeitpunkt **nicht eindeutig bestätigt werden**.

Weitere Untersuchungen sind erforderlich, um die langfristigen ökonomischen Auswirkungen des Impfangebots in Apotheken verlässlich zu bewerten.

5.4.4 Hypothese 4

Wir nehmen an, dass die Planung des Impfangebotes in Apotheken Widerstände von Seiten der Ärzteschaft verursacht.

Für die Überprüfung dieser letzten Hypothese wurden Fragen aus den Fragebögen aller drei Probandengruppen (Apothekern, Ärzten und gesetzlichen Krankenkassen) untersucht. Die statistischen Analysen durch Chi-Quadrat-Goodness-of-Fit-Tests zeigten dabei hochsignifikante Ergebnisse, die darauf hindeuten, dass sowohl Apotheker als auch Ärzte klare Meinungen und Wahrnehmungen bezüglich des Impfangebotes in Apotheken haben, welche zu Spannungen zwischen den beiden Berufsgruppen führen können (siehe Tab 5.4).

Tabelle 5.4 Übersicht über die Ergebnisse der statistischen Auswertung zur Hypothese 4 (Chi-Quadrat Goodness-of-Fit-Test)

Probandengruppe	Frage	χ^2	p-Wert	Bewertung der Hypothese
Apotheken	Frage 7: „Erleben Sie Konflikte mit den Ärzten in ihrer unmittelbaren Umgebung aufgrund des Impfangebotes in Ihrer Apotheke?“	**51,9509434**	**1,41E-10**	hochsignifikant
	Frage 8: „Halten Sie zertifizierte Apotheker für ausreichend kompetent, eine Impfung durchzuführen?“	**402,8**	**6,9072E-86**	hochsignifikant
	Frage 9: „Wie hoch ist Ihrer Erfahrung nach das Risiko, dass es im Zuge einer Grippeimpfung zu Komplikationen kommt, denen Sie nicht gewachsen sind?“	**383,1773585**	**1,20E-81**	hochsignifikant

(Fortsetzung)

Tabelle 5.4 (Fortsetzung)

Probandengruppe	Frage	χ^2	p-Wert	Bewertung der Hypothese
Ärzte	Frage 5: „Erleben Sie Konflikte mit Apothekern in ihrer unmittelbaren Umgebung aufgrund des Impfangebotes in Apotheken?“	**65,76140351**	**1,78E-13**	hochsignifikant
	Frage 7: „Halten Sie zertifizierte Apotheker für ausreichend kompetent, eine Impfung durchzuführen?“	**83,3754386**	**3,35E-17**	hochsignifikant
	Frage 8: „Wie hoch ist Ihrer Erfahrung nach das Risiko, dass es im Zuge einer Grippeimpfung zu Komplikationen kommt, denen ein Apotheker nicht gewachsen sein könnte?“	**62,05964912**	**1,07E-12**	hochsignifikant
Gesetzliche Krankenkassen	Frage 6: „Halten Sie zertifizierte Apotheker für ausreichend kompetent, eine Impfung durchzuführen?“	**50,87272727**	**2,37E-10**	hochsignifikant

Quelle: eigene Daten

1. **Ergebnisse der Apotheken:** Die befragten Apotheker berichteten signifikant von Konflikten mit Ärzten in ihrer unmittelbaren Umgebung, die durch das Impfangebot in den Apotheken entstanden sind (χ^2 = 51,95, p = 1,41E-10). Dies deutet darauf hin, dass Apotheken in vielen Fällen auf Widerstand von Ärzten stoßen, wenn sie Grippeimpfungen anbieten. Zudem äußerten Apotheker ein hohes (einstimmiges) Vertrauen in ihre eigene Kompetenz, Impfungen durchzuführen, was sich in einem extrem hochsignifikanten Ergebnis

widerspiegelt (χ^2 = 402,8, p = 6,91E-86). Gleichzeitig bewerteten sie das Risiko von Komplikationen im Rahmen von Grippeimpfungen, denen sie nicht gewachsen wären, als gering (χ^2 = 383,18, p = 1,20E-81).

2. **Ergebnisse der Ärzte:** Auch die befragten Ärzte waren sich in ihrem Gesamtbild der Meinung sehr ähnlich, berichteten aber eher von keinen Konflikten mit Apothekern (χ^2 = 65,76, p = 1,78E-13). Der geringe Anteil an Konflikten aus Ärztesicht kann auch darauf zurückgeführt werden, dass viele Ärzte (noch) keine impfenden Apotheken in ihrem direkten Umfeld haben.

   Im Vergleich zu den Apothekern bewerteten die Ärzte jedoch die Kompetenz von Apothekern, Impfungen durchzuführen, etwas kritischer, sind sich dabei aber auch hierbei sehr einig (χ^2 = 83,38, p = 3,35E-17). Ebenso schätzen Ärzte auch das Risiko, dass Apotheken möglicherweise nicht ausreichend auf Komplikationen bei Grippeimpfungen vorbereitet sind, als etwas höher ein. Auch diese Aussage unterscheidet sich deutlich von einer zufälligen Verteilung der Antworten (χ^2 = 62,06, p = 1,07E-12).

3. **Ergebnisse der gesetzlichen Krankenkassen:** Die gesetzlichen Krankenkassen bewerteten die Kompetenz der Apotheker, Grippeimpfungen durchzuführen, ebenfalls positiv, wobei die Einigkeit und damit die Aussagekraft dieses Ergebnisses hochsignifikant ist (χ^2 = 50,87, p = 2,37E-10). Dies steht eher im Einklang mit den Einschätzungen der Apotheker.

Schlussfolgerung zur Bewertung der Hypothese 4

Basierend auf diesen Ergebnissen kann **Hypothese 4 teilweise bestätigt** werden. Es gibt Hinweise darauf, dass die Planung des Impfangebots in Apotheken Widerstände von Seiten der Ärzteschaft hervorgerufen hat, insbesondere in Bezug auf die Wahrnehmung der Kompetenz der Apotheker und das Risiko von Komplikationen bei Grippeimpfungen. Dennoch scheinen sich die Sichtweise der Akteure zum Teil zu unterscheiden, weswegen eine differenziertere Betrachtung geboten ist, um eine klare Aussage treffen zu können.

Wie in Abschnitt 5.1.3 gezeigt wurde, zeigt sich außerdem, dass die Wahrnehmung von Konflikten regional variiert: Apotheken auf dem Land berichten signifikant häufiger von Konflikten als städtische Apotheken. Ein t-Test zur Analyse der Unterschiede zwischen städtischen und ländlichen Apotheken ergab mit einem p-Wert von 0,04 einen signifikanten Unterschied. Auch wenn beide Gruppen grundsätzlich Konflikte wahrnahmen, scheint das Konfliktpotenzial in ländlichen Regionen ausgeprägter zu sein. Diese Differenzierung zeigt, dass eine umfassendere Betrachtung der regionalen Gegebenheiten notwendig ist, um die Widerstände im Detail zu verstehen.

6 Diskussion

Die Ergebnisse dieser Forschungsarbeit bestätigen, dass Apothekenimpfungen in Deutschland potenziell zur Erhöhung der Impfquote beitragen. Eine Mehrheit der befragten Krankenkassen und Allgemeinmediziner erwartet eine Steigerung, während erste Daten bereits eine positive Entwicklung zeigen (Hypothese 1 bestätigt, Abschnitt 5.4.1). Wirtschaftlich betrachtet bringt das freiwillige Impfangebot für Apotheken bisher eher keinen direkten finanziellen Vorteil. Obwohl die Mehrheit der hier befragten Apotheken eine gesteigerte Kundenzufriedenheit wahrnimmt, berichten die meisten Apotheken von keinen oder nur minimalen Gewinnsteigerungen durch das erweiterte Impfangebot (Hypothese 2 verworfen, Abschnitt 5.4.2). Insgesamt konnte eine Reduktion der Impfkosten für die Gesundheitskassen bislang nicht nachgewiesen werden. Zwar erwarten die Krankenkassen langfristige Einsparungen, aktuelle Daten zeigen jedoch noch keine signifikante Kostensenkung (Hypothese 3 nicht eindeutig bestätigt, Abschnitt 5.4.3). Ein zentrales Konfliktfeld stellt die Skepsis der Ärzteschaft dar. Apotheker sehen sich durch Ärzte in ihrer Umgebung teils mit Widerstand konfrontiert, insbesondere in ländlichen Regionen. Gleichzeitig bewerten Ärzte die Impfkompetenz von Apothekern kritischer als Krankenkassen und Apotheker selbst (Hypothese 4 teilweise bestätigt, Abschnitt 5.4.4).

In den folgenden Kapiteln werden diese Themen nun vertieft analysiert, indem sie in den internationalen Kontext eingeordnet und mit Blick auf Herausforderungen, Akzeptanz und langfristige Auswirkungen bewertet werden.

R. Oehlmann, *Impfungen in Apotheken*,
https://doi.org/10.1007/978-3-658-52229-2_6

6.1 Betrachtung der eigenen Ergebnisse im internationalen Kontext

Die Grippeimpfung in Apotheken ist in Deutschland ein relativ neues Modell, und bisher existieren kaum empirische Untersuchungen zu ihrer tatsächlichen Inanspruchnahme und Wirkung. Die erste wissenschaftliche Studie zur Apotheken-Grippeimpfung in Deutschland wurde erst kürzlich von Werthner et al. (2025) veröffentlicht. Diese Studie zeigt, dass 44 % der befragten Apothekenkunden angaben, sich ohne das Apothekenangebot gar nicht erst hätten impfen lassen. Besonders bemerkenswert ist der hohe Anteil von 65 % Erstimpflingen, was darauf hindeutet, dass Apotheken eine entscheidende Rolle bei der Erreichung neuer Bevölkerungsgruppen spielen (Werthner et al., 2025).

Diese Ergebnisse stehen im Einklang mit den in dieser Forschungsarbeit dokumentierten Erwartungen aller drei befragten Akteure des Gesundheitswesens, die zu der Bestätigung von Hypothese 1 führten (siehe Abschnitt 5.4.1). Auch internationale Erfahrungen zeigen, dass Apotheken als niedrigschwellige Impfstellen insbesondere Bevölkerungsgruppen erreichen, die bislang keine oder nur unregelmäßige Impfungen in Anspruch genommen haben (Missiou et al., 2024; Pennisi et al., 2024). Die aktuelle Studie von Werthner et al. (2025) stellt außerdem fest, dass bei insgesamt 11.571 durchgeführten Apothekenimpfungen nur neun unerwünschte Ereignisse dokumentiert wurden (0,08 %). Die spiegelt sich auch in dieser Forschungsarbeit wider, in der sowohl Apotheker als auch Krankenkassen Apothekenimpfungen als sicher einstufen (Abschnitt 5.4.4).

Da für Deutschland weiter Studien fehlen, ist ein Vergleich mit internationalen Erfahrungen essenziell, um die potenzielle Entwicklung des Modells der Apothekenimpfungen in Deutschland besser einordnen zu können. In den letzten Jahren hat die Diskussion um erweiterte Impfangebote und deren Implementierung in verschiedenen Gesundheitssystemen weltweit an Bedeutung gewonnen. Hierauf wurde bereits in Abschnitt 2.4.1 dieser Arbeit umfassend eingegangen. Eine Einordnung unserer Ergebnisse mit Betrachtung auf internationale Erfahrungen zeigt nun, wie verschiedene Länder ähnliche Herausforderungen angegangen sind und welche Lösungen erfolgreich implementiert wurden. Dies ermöglicht nicht nur eine fundierte Einordnung der Ergebnisse, sondern bietet auch wertvolle Impulse für zukünftige Entwicklungen in Deutschland.

Der globale Trend zur Dezentralisierung und Erweiterung von Impfangeboten ist eine Reaktion auf verschiedene Herausforderungen, darunter die Notwendigkeit, die Impfquoten zu erhöhen, den Zugang zu Impfungen zu verbessern und die Gesundheitsversorgung insgesamt effizienter zu gestalten (Rieck et al.,

2020; The WHO Regional Office for Europe, 2019). Länder wie die USA, Italien und Großbritannien haben bereits bedeutende Fortschritte in der Einbindung von Apotheken in das Impfgeschehen gemacht, wobei unterschiedliche Modelle und Ansätze verfolgt werden (Burson et al., 2016; Blasius & Rohrer, 2020; Pennisi et al., 2024). Diese internationalen Erfahrungen bieten eine wertvolle Vergleichsbasis und können dazu beitragen, die Praktikabilität und Effektivität der in Deutschland vorgeschlagenen und untersuchten Maßnahmen besser zu verstehen, denn sie zeigen, welches Potenzial in Apothekenimpfungen steckt.

Die Schweiz beispielsweise verzeichnete nach Einführung der Möglichkeit für Apotheken, Impfungen durchzuführen, einen Anstieg der Impfungen pro Apotheke um 56 % innerhalb eines Jahres. Frankreich konnte nach einem Pilotprojekt die Grippeimpfungen in Apotheken landesweit einführen und verzeichnete bis 2020 eine Impfquote von 59,9 % bei den über 65-Jährigen. Das Vereinigte Königreich erreichte als einziges EU-Land die von der WHO angestrebten Impfquoten, dank eines gut etablierten Systems, in dem Apotheken seit über einem Jahrzehnt Impfungen anbieten (ECDC, 2016; Schweizerischer Apothekenverband, 2023). Auch wenn keine langfristigen Erfahrungen für Deutschland vorliegen, so zeigen doch die Ergebnisse dieser Forschungsarbeit, dass alle beteiligten Akteure mit optimistischem Blick auf eine Erhöhung der Impfquote durch Apothekenimpfungen schauen.

Ein Schlüsselfaktor für den Erfolg dieser Programme auf internationaler Ebene ist die gezielte Schulung der Apotheker. Daneben spielen aber finanzielle Faktoren eine entscheidende Rolle. Länder wie Portugal und die USA haben regulatorische Anreize geschaffen, um die Einführung von Apothekenimpfungen zu erleichtern (ECDC, 2016). An solch finanziellen Anreizen scheint es in Deutschland noch zu mangeln. In dieser Forschungsarbeit konnten wir zeigen, dass das erweiterte Impfangebot für die Apotheken in Deutschland mit keinerlei wirtschaftlichen Vorteilen verknüpft ist. Die diesbezügliche Hypothese 2 wurde auf der Basis der hier erhobenen Umfragedaten verworfen (siehe Abschnitt 5.4.2). Zwar gaben die meisten Apotheken an, eine gesteigerte Zufriedenheit bei ihren Kunden zu bemerken, aber dies schlug sich weder in einer gesteigerten Kundenzahl noch in einem Gewinnzuwachs nieder.

Die Geschwindigkeit der Einführung von Apothekenimpfungen zeigt sich international sehr unterschiedlich. Während Länder wie Großbritannien und Portugal frühzeitig Strategien zur Integration von Apothekern in nationale Impfprogramme entwickelten und eine hohe Patientenzufriedenheit erreichten, vollzieht sich die Umsetzung in Deutschland weiterhin langsam. Dies liegt zum Teil auch an einer gewissen Skepsis bezüglich der Kompetenzen. Die Ergebnisse dieser Forschungsarbeit zeigen, dass ein signifikanter Teil der befragten Ärzte

Apothekenimpfungen skeptisch gegenübersteht (Abschnitt 5.2). Dies ist auch in anderen Ländern zu beobachten: In Italien führte der Widerstand der Ärzteschaft zunächst zu Verzögerungen bei der Implementierung von Apothekenimpfungen, bevor durch eine enge Verzahnung zwischen Ärzten und Apothekern eine Akzeptanzsteigerung erreicht werden konnte (Pennisi et al., 2024).

Ein weiterer zentraler Punkt ist die Wahrnehmung der Patienten. Internationale Erfahrungen zeigen, dass Apothekenimpfungen vor allem von Patienten als praktisch, schnell und unkompliziert wahrgenommen werden (ECDC, 2016, S. 2). Dies bestätigt sich auch in den Ergebnissen dieser Untersuchung, bei der eine hohe Kundenzufriedenheit mit Apothekenimpfungen festgestellt wurde (Abschnitt 5.1; Abb. 5.1). Interessanterweise weisen Studien darauf hin, dass niedrigschwellige Impfangebote insbesondere bei impfzögerlichen Bevölkerungsgruppen die Impfbereitschaft steigern können (Larson et al., 2016). Auch erste Analysen der Grippeimpfung in deutschen Apotheken deuten darauf hin, dass vor allen Dingen Menschen geimpft werden, die sich beim Arzt nicht impfen lassen (Werthner et al., 2025).

Studien aus Ländern mit dünnbesiedelten Regionen zeigen, dass Apothekenimpfungen potenziell eine wichtige Rolle in unterversorgten Regionen spielen könnten, wenn die regulatorischen Rahmenbedingungen entsprechend angepasst werden (Bekele et al., 2024). Vor allen Dingen in ländlichen Gebieten können Apotheken einen essenziellen Beitrag zur Erhöhung der Impfquote leisten. In Kanada führten Apothekenimpfungen zu einer besseren Versorgung in Regionen mit wenigen Arztpraxen, da Apotheken dort oft leichter erreichbar sind (Udoh et al., 2024). Ähnliche Effekte wurden in Indien beobachtet, wo Apothekenimpfungen in ländlichen Gebieten gezielt gefördert wurden, um die Versorgungslücke zwischen Stadt und Land zu verringern (Sawlani & Sharma, 2024). Auch für viele europäische Länder zeigt sich eine deutliche Ungleichverteilung der ärztlichen Versorgung (Winkelmann et al., 2020). Analysen zur regionalen Ärztedichte belegen, dass Hausarztpraxen insbesondere in ländlichen Gebieten seltener vorhanden sind, wohingegen Apotheken in der Regel eine flächendeckendere Verteilung aufweisen, wenn auch die Versorgung im ländlichen Bereich oftmals schlechter ist als in urbanem Raum (Toma & Crisan, 2021). Unterschiede zwischen Stadt und Land zeigten sich in unserer Studie bei der Betrachtung von Konflikten zwischen Apotheken und Ärzten (siehe Abschnitt 5.1.3). Diese waren in ländlichen Regionen etwas häufiger als in der Stadt, was auf einen gesteigerten Konkurrenzdruck hindeuten könnte, gleichzeitig aber auch widerspiegelt, dass gerade auf dem Land das Apothekenangebot eine deutliche Verbesserung in der flächendeckenden Versorgung darstellen kann. Diese Erkenntnisse unterstreichen die Notwendigkeit, Apothekenimpfungen gezielt in unterversorgten Regionen zu fördern.

Dazu könnten regulatorische Anreize, eine erleichterte Abrechnung und gezielte Kooperationen mit Ärzten beitragen, um Widerstände abzubauen und die Impfquote nachhaltig zu verbessern.

Unsere Ergebnisse zeigen im internationalen Kontext, dass Apothekenimpfungen unter definierten Rahmenbedingungen erfolgreich umgesetzt werden können. Wichtige Erfolgsfaktoren sind (Kozica & Wild, 2022; ECDC, 2016):

1. **Klare gesetzliche Regelungen**, die Apothekern eine rechtssichere Grundlage für Impfungen geben.
2. **Angemessene Vergütungsstrukturen**, die sicherstellen, dass Apotheken langfristig am Impfprogramm teilnehmen.
3. **Interprofessionelle Zusammenarbeit**, um Widerstände innerhalb der Ärzteschaft zu reduzieren.
4. **Gezielte Aufklärungskampagnen**, um die Akzeptanz in der Bevölkerung zu steigern.

Während Apothekenimpfungen international bereits vielerorts weitgehend etabliert sind, bleibt die Situation in Deutschland durch berufspolitische Widerstände, wirtschaftliche Unsicherheiten und regulatorische Hürden geprägt. Die nächsten Kapitel untersuchen diese Herausforderungen im Detail und analysieren, welche Maßnahmen erforderlich sind, um das Modell in Deutschland nachhaltig zu implementieren.

6.2 Herausforderungen und Barrieren für Apothekenimpfungen auf Basis der eigenen Ergebnisse

Die Implementierung von Apothekenimpfungen in Deutschland birgt nicht nur Chancen, sondern auch erhebliche Herausforderungen. Die Ergebnisse dieser Arbeit bestätigen, dass finanzielle Unsicherheiten, Konflikte mit der Ärzteschaft und mangelnde strukturelle Voraussetzungen die flächendeckende Implementierung erschweren. Ein zentrales wirtschaftliches Hindernis für Apotheken stellt die unzureichende Rentabilität des Impfangebots für Apotheken dar, was sich in der Verwerfung der Hypothese 2 dieser Untersuchung bestätigte.

Während Apotheken in anderen Ländern langfristig wirtschaftliche Vorteile aus Impfleistungen ziehen können, sind die finanziellen Anreize in Deutschland begrenzt. Die Ergebnisse dieser Untersuchung zeigen, dass die Mehrheit der befragten Apotheken keine signifikanten finanziellen Vorteile durch das Impfangebot verzeichnet. Während 75,47 % der Apotheken eine gesteigerte Kundenzufriedenheit angaben, berichteten nur 0,94 % von einer positiven wirtschaftlichen Entwicklung durch Impfungen (Abschnitt 5.1.1; Abb. 5.2). In Großbritannien und Kanada hat sich gezeigt, dass eine faire Vergütung entscheidend für die langfristige Beteiligung von Apotheken an Impfprogrammen ist (Udoh et al., 2024). In Deutschland hingegen wird die Vergütung von Apothekern als unzureichend angesehen, insbesondere mit Blick auf die hohen Hürden, die bewältigt werden müssen, um überhaupt erst in Apotheken impfen zu dürfen, von Ärzten jedoch als zu hoch eingeschätzt (Gerlof, 2022; BAK, 2021).

Eine zentrale Hürde stellt die regulatorische Unsicherheit dar. Dies führte dazu, dass Apotheken häufig mit administrativen Hürden und Unsicherheiten bei der Abrechnung konfrontiert sind. Auch die bis 2026 eingeschränkte Auswahl an zugelassenen Impfungen stellt eine Hürde dar: Während Apotheken in Kanada und den USA neben der Grippeimpfung auch Impfstoffe gegen Pneumokokken, COVID-19 oder FSME verabreichen dürfen, ist das Modell in Deutschland bislang stark begrenzt (Kozica & Wild, 2022).

Ein besonders umstrittenes Thema ist der Widerstand innerhalb der Ärzteschaft, der auch in dieser Forschungsarbeitsarbeit belegt werden konnte. Die Einführung von Apothekenimpfungen wird von vielen Ärzten als Bedrohung für die ärztliche Autorität und als wirtschaftlicher Nachteil betrachtet. Unsere Ergebnisse zeigen, dass 51,95 % der Apotheken von Widerständen durch Ärzte in ihrer Umgebung berichten (Abschnitt 5.4.4). Diese berufsgruppenbezogenen Konflikte sind auch in anderen Ländern zu beobachten. In Österreich spricht sich die Ärztekammer entschieden gegen Apothekenimpfungen aus und argumentiert, dass nur Ärzte in der Lage seien, die Impftauglichkeit der Patienten zu beurteilen und auf mögliche Nebenwirkungen zu reagieren (Österreichische Ärztekammer, 2022). Eine ähnliche Situation war in Italien zu beobachten, wo der Widerstand der Ärzteschaft die Einführung von Apothekenimpfungen zunächst verzögerte. Erst durch eine enge Zusammenarbeit zwischen Apothekern und Ärzten sowie die Einführung klarer Zuständigkeitsbereiche konnte eine höhere Akzeptanz erreicht werden (Pennisi et al., 2024). Auf der Grundlage unserer erhobenen Daten erscheint diese Maßnahme auch für das deutsche System als angebracht.

Ein besonderer Konfliktpunkt in Deutschland betrifft die Vergütungsstrukturen für Impfleistungen. Die Einführung von Apothekenimpfungen wird nicht nur als eine Erweiterung des Gesundheitsangebots wahrgenommen, sondern auch als potenzielle Bedrohung für die traditionellen Einkommensquellen der Ärzteschaft. Hauke Gerlof, stellvertretender Chefredakteur der „Ärztezeitung", beschreibt die aktuelle Situation als „Impfduell zwischen Ärzten und Apothekern" und hebt hervor, dass Ärzte die Vergütung der Apotheken als unverhältnismäßig hoch empfinden (Gerlof, 2022). Apotheken erhalten (zu dem Zeitpunkt) eine Vergütung von 11 Euro pro Grippeimpfung, darin enthalten sind sämtliche Verbrauchsmaterialien sowie die Beschaffungskosten des Impfstoffs. Ärzte hingegen erhalten je nach Bundesland zwischen 7,86 Euro (Sachsen-Anhalt) und 9,80 Euro (Hessen), was von ärztlichen Berufsverbänden als „nicht kostendeckend" kritisiert wird. Allerdings zeigt sich bei genauer Betrachtung, dass der direkte Vergütungsvergleich nicht ohne Weiteres möglich ist, denn in Arztpraxen kann die Impfung häufig mit zusätzlichen Abrechnungsziffern kombiniert werden (z. B. für ärztliche Beratung), wodurch sich die tatsächlich erhaltene Vergütung erhöht. Zudem dürfen Impfungen in Apotheken ausschließlich von approbierten Apothekern durchgeführt werden, während in Arztpraxen häufig medizinische Fachangestellte für Impfungen zuständig sind. Die Ergebnisse dieser Untersuchung zeigen, dass diese berufspolitischen Spannungen zu den wichtigen Herausforderungen für eine flächendeckende Implementierung von Apothekenimpfungen in Deutschland gehören (Abschnitt 5.4.4).

Zusammenfassend zeigen die Ergebnisse dieser Untersuchung, dass wirtschaftliche, regulatorische und berufsständische Herausforderungen die flächendeckende Implementierung von Apothekenimpfungen in Deutschland erschweren. Während die internationale Erfahrung nahelegt, dass eine erfolgreiche Einführung von klaren gesetzlichen Vorgaben, einer gerechten Vergütungsstruktur und interprofessionellen Kooperationsmodellen abhängt, bestehen in Deutschland weiterhin strukturelle und berufspolitische Widerstände.

6.3 Apothekenimpfungen und Public Health

Die zentrale Zielsetzung von Apothekenimpfungen ist die Steigerung der Impfquote und damit die langfristige Prävention impfpräventabler Erkrankungen. Internationale Studien zeigen, dass Apotheken als niedrigschwellige Impfstellen insbesondere Bevölkerungsgruppen erreichen können, die bislang keine oder nur unregelmäßige Impfungen in Anspruch genommen haben (Shah, 2020; Missiou et al., 2024). Die Ergebnisse dieser Forschungsarbeit deuten ebenfalls darauf hin, dass es in Deutschland möglich ist, die Impfquote über dieses erweiterte Angebot zu steigern. Im Detail zeigt sich, dass Apotheker, Krankenkassen und Allgemeinmediziner mehrheitlich eine Steigerung der Impfquote durch Apothekenimpfungen erwarten. 68,18 % der befragten Krankenkassen gaben an, bereits eine positive Entwicklung zu beobachten, während 86,36 % langfristig mit einer Erhöhung der Impfquote rechnen (Abschnitt 5.4.1). Besonders relevant ist in diesem Zusammenhang die erste veröffentlichte Studie zur Grippeimpfung in deutschen Apotheken, die zeigt, dass die Mehrheit der Apotheken angab, dass ein signifikanter Anteil der Geimpften zuvor nicht regelmäßig geimpft worden war, was auf eine Erschließung neuer Zielgruppen hinweist (Werthner et al., 2025). Diese Erkenntnisse stimmen mit internationalen Studien überein, die zeigen, dass Apothekenimpfungen insbesondere Erstimpflinge ansprechen und so zur Erhöhung der Gesamtquote beitragen können (Missiou et al., 2024; Pennisi et al., 2024). Eine erhöhte Impfquote führt unmittelbar zu einer Reduktion impfpräventabler Erkrankungen und einer Entlastung des Gesundheitssystems. Eine Analyse der Einführung von Apothekenimpfungen in Italien zeigt, dass die Hospitalisierungsrate infolge von COVID-19-Infektionen nach der Einführung von Impfungen in Apotheken zurückging (Pennisi et al., 2024).

Zusammenfassend deuten die Ergebnisse darauf hin, dass Apothekenimpfungen kurzfristig zur Erhöhung der Impfquote und zur besseren Erreichbarkeit von Impfangeboten beitragen, insbesondere in strukturschwachen Regionen. Langfristig könnten sie zu einer Entlastung des Gesundheitssystems und einer Verringerung impfpräventabler Erkrankungen führen. Die nächsten Kapitel analysieren, welche politischen Maßnahmen erforderlich sind, um die positiven Effekte zu maximieren und Apothekenimpfungen langfristig in das deutsche Gesundheitssystem zu integrieren.

6.4 Empfehlungen und strategischer Ausblick

Die Ergebnisse dieser Forschungsarbeit zeigen, dass Apothekenimpfungen in Deutschland ein großes Potenzial haben, die Impfquote zu erhöhen und strukturschwache Regionen besser zu versorgen. Gleichzeitig bestehen weiterhin regulatorische, wirtschaftliche und berufspolitische Herausforderungen, die eine langfristige Implementierung erschweren könnten. Die internationale Erfahrung zeigt übereinstimmend, dass eine erfolgreiche Integration von Apothekenimpfungen klare gesetzliche Rahmenbedingungen, angemessene Vergütungsstrukturen und interprofessionelle Kooperationen zwischen Apothekern und Ärzten erfordert. Basierend auf den gewonnenen Erkenntnissen lassen sich folgende zentrale Empfehlungen ableiten.

Ein zentraler Aspekt für die erfolgreiche Implementierung von Apothekenimpfungen ist eine klare gesetzliche Verankerung und langfristige Planungssicherheit. Während Länder wie Frankreich, Kanada und Großbritannien bereits stabile gesetzliche Regelungen geschaffen haben, befindet sich Deutschland weiterhin in einer Übergangsphase mit regelmäßigen Anpassungen der Rahmenbedingungen

(Pennisi et al., 2024; Kozica & Wild, 2022). Die Ergebnisse dieser Untersuchung verdeutlichen, dass regulatorische Unsicherheiten für Apotheken ein zentrales Hemmnis darstellen. Um Apothekenimpfungen langfristig als festen Bestandteil der Impfversorgung zu etablieren, sind daher klare rechtliche Vorgaben erforderlich, die eine sichere Umsetzung für alle Beteiligten gewährleisten (Deutscher Bundestag, 2018).

Ein weiteres wesentliches Handlungsfeld ist die Sicherung einer fairen und nachhaltigen Vergütung. Die finanzielle Rentabilität von Apothekenimpfungen wurde in dieser Forschungsarbeit als kritisch bewertet: Während Apotheken eine hohe Kundenzufriedenheit verzeichnen, berichten sie mehrheitlich von fehlenden wirtschaftlichen Anreizen für die Durchführung von Impfungen (Abschnitt 5.4.2). Auch international zeigt sich, dass eine angemessene Vergütung entscheidend für die langfristige Teilnahme von Apotheken an Impfprogrammen ist (Sawlani & Sharma, 2024). Eine Anpassung der Honorare und die Schaffung zusätzlicher finanzieller Anreize, etwa durch ein Bonussystem für besonders impfaktive Apotheken, könnte die langfristige Motivation der Apotheken stärken und gleichzeitig eine gleichmäßige Verteilung des Angebots sicherstellen.

Ein zentrales Konfliktfeld bleibt der berufsständische Widerstand der Ärzteschaft. Während Apotheker und Krankenkassen Apothekenimpfungen als sinnvolle Ergänzung der Impfversorgung betrachten, sehen Ärzte das Modell häufig als wirtschaftliche und kompetenzbezogene Bedrohung. Die Ergebnisse dieser Arbeit zeigen, dass 51,95 % der Apotheken von Widerständen durch Ärzte in ihrer Umgebung berichten (Abschnitt 5.4.4). Diese Spannungen erschweren eine kooperative Implementierung des Modells und zeigen, dass gezielte interprofessionelle Kooperationsansätze erforderlich sind. Studien aus Italien Frankreich und den USA zeigen, dass durch die Einführung gemeinsamer Schulungen und abgestimmter Versorgungsmodelle die Akzeptanz von Apothekenimpfungen innerhalb der Ärzteschaft verbessert werden kann (Pennisi et al., 2024; Shah, 2020).

Besonders relevant ist außerdem die gezielte Förderung von Apotheken in strukturschwachen Regionen. Die Ergebnisse dieser Forschungsarbeit zeigen, dass aber gerade in ländlichen Regionen berufliche Konflikte ausgeprägter sind. Aus diesem Grunde ist es gerade dort wichtig, entsprechende Anreize und Konfliktlösungen zu implementieren. Studien aus Kanada und Großbritannien bestätigen, dass Apotheken dort besonders in ländlichen Regionen eine signifikante Verbesserung der Impfquote bewirken konnten (Udoh, 2024; Winkelmann et al., 2020). Diese Chance sollte auch in strukturschwachen Regionen Deutschlands genutzt werden. Eine gezielte staatliche Unterstützung für Apotheken in ländlichen Regionen, beispielsweise durch finanzielle Anreize, könnte die flächendeckende Verfügbarkeit von Impfungen in diesen Gebieten sicherstellen.

Zusammenfassend zeigen die Ergebnisse dieser Forschungsarbeit, dass eine langfristig erfolgreiche Implementierung von Apothekenimpfungen in Deutschland gezielte politische, wirtschaftliche und strukturelle Maßnahmen erfordert. Die zentralen Handlungsempfehlungen sind:

1. **Klare gesetzliche Rahmenbedingungen schaffen**, um Apothekenimpfungen langfristig als festen Bestandteil der Impfversorgung zu etablieren.
2. **Eine nachhaltige Vergütungsstruktur entwickeln**, die den zusätzlichen Aufwand von Apotheken angemessen berücksichtigt.
3. **Interprofessionelle Zusammenarbeit zwischen Ärzten und Apothekern fördern**, um berufsständische Konflikte abzubauen.
4. **Apotheken in strukturschwachen Regionen gezielt fördern**, um eine gleichmäßige Verfügbarkeit von Impfangeboten sicherzustellen.

Eine gezielte Anpassung der Rahmenbedingungen könnte dazu beitragen, die positiven Effekte auf die Impfquote und das Gesundheitssystem zu maximieren und Apothekenimpfungen langfristig als festen Bestandteil der nationalen Impfstrategie zu verankern.

7 Relevanz für Public Health

Die vorliegende Forschungsarbeit liefert einen Beitrag zur Weiterentwicklung präventiver Gesundheitsstrategien im deutschen Gesundheitssystem. Die Ergebnisse zeigen, dass Apothekenimpfungen einen relevanten Einfluss auf zentrale Public-Health-Ziele haben können, insbesondere im Hinblick auf die Erhöhung der Impfquote, die Verbesserung der Gesundheitsgerechtigkeit und die Entlastung bestehender Versorgungsstrukturen. Gleichzeitig verdeutlichen die Ergebnisse, dass regulatorische, wirtschaftliche und berufsständische Herausforderungen bestehen, die die flächendeckende Implementierung dieses Modells erschweren.

Die eigenen Forschungsergebnisse zeigen, dass alle befragten Akteure des Gesundheitswesens überwiegend von einer positiven Wirkung der Apothekenimpfung auf die Impfquote ausgehen, während erste empirische Daten diese Wahrnehmung stützen. Eine wesentliche Erkenntnis ist, dass Apotheken als niedrigschwellige Impfstellen insbesondere Bevölkerungsgruppen erreichen können, die zuvor keine regelmäßige Impfbereitschaft gezeigt haben. Gleichzeitig zeigt die Untersuchung, dass Apotheken und Ärzte die Auswirkungen der Apothekenimpfung unterschiedlich bewerten: Während Apotheken die Maßnahme als wichtigen Beitrag zur Steigerung der Impfquote und zur Entlastung des Gesundheitswesens betrachten, besteht innerhalb der Ärzteschaft zum Teil eine gewisse Skepsis. Diese Diskrepanz deutet darauf hin, dass die Einführung von Apothekenimpfungen nicht isoliert, sondern als Teil einer übergreifenden Public-Health-Strategie betrachtet werden muss, in der die verschiedenen Akteure des Gesundheitswesens eine koordinierte Rolle spielen.

Ein weiteres zentrales Ergebnis betrifft die wirtschaftlichen Rahmenbedingungen der Apothekenimpfung. Während Krankenkassen davon ausgehen, dass

R. Oehlmann, *Impfungen in Apotheken*,
https://doi.org/10.1007/978-3-658-52229-2_7

das Modell langfristig Einsparpotenziale im Gesundheitswesen bieten könnte, zeigt die Untersuchung, dass die Mehrheit der befragten Apotheken selbst keine direkten wirtschaftlichen Vorteile durch die Impfungen verzeichnet. Lediglich 0,94 % der Apotheken gaben an, eine wirtschaftliche Verbesserung durch das Impfangebot zu erfahren, während der Großteil zwar eine gesteigerte Kundenzufriedenheit, aber keinen finanziellen Gewinn verzeichnete. Dies unterstreicht, dass Apothekenimpfungen als Public-Health-Maßnahme gesehen werden müssen, die vor allem einen gesellschaftlichen und präventiven Nutzen hat, jedoch nur dann langfristig tragfähig ist, wenn finanzielle und strukturelle Hürden abgebaut werden. Nur so können mehr Apotheken dazu motiviert werden, das erweiterte Dienstleistungsangebot in ihren Leistungskatalog aufzunehmen.

Zusätzlich bestätigt die Untersuchung, dass große Herausforderungen bei der Implementierung von Apothekenimpfungen in Deutschland auf berufsständische Widerstände zurückzuführen sind. So zeigt sich, dass 51,95 % der Apotheken von Konflikten mit Ärzten berichteten, die entweder auf wirtschaftliche Befürchtungen oder auf Zweifel an der fachlichen Kompetenz der Apotheker zurückzuführen sind. Dieses Ergebnis zeigt, dass Apothekenimpfungen in Deutschland nicht nur als strukturelle Reform betrachtet werden dürfen, sondern auch eine gezielte Strategie zur Verbesserung der interprofessionellen Zusammenarbeit erfordern.

7.1 Handlungsempfehlungen aus den Untersuchungsergebnissen

Basierend auf den gewonnenen Erkenntnissen lassen sich die folgenden Empfehlungen für das Public Health Management ableiten:

Empfehlungen für politische Entscheidungsträger

- bessere Integration von Apothekenimpfungen in nationale Präventionsstrategien, um deren Wirkung auf die Impfquote langfristig zu bewerten und strukturelle Anpassungen vorzunehmen
- Optimierung der Vergütungsmodelle, um sicherzustellen, dass Apotheken wirtschaftlich in der Lage sind, Impfungen langfristig anzubieten, ohne dass dies zu einer Umverteilung zulasten anderer Versorgungsstrukturen führt
- Anpassung regulatorischer Rahmenbedingungen, insbesondere hinsichtlich der Schulungsvorgaben und der Erweiterung des Impfangebots über Grippeimpfungen hinaus, sofern dies durch epidemiologische Daten gestützt wird

Empfehlungen für Krankenkassen

- gezielte Evaluationsstudien über die langfristigen gesundheitlichen und wirtschaftlichen Auswirkungen von Apothekenimpfungen, um deren Wirksamkeit im deutschen Versorgungssystem datenbasiert zu bewerten
- Förderung von interdisziplinären Kooperationsmodellen zwischen Apotheken und Ärzten, um berufsständische Konflikte zu reduzieren und eine koordinierte Impfstrategie zu ermöglichen

Empfehlungen für Apothekerverbände

- Standardisierung der Qualitätssicherung bei Apothekenimpfungen, um Akzeptanzbarrieren zu reduzieren und eine einheitliche Versorgung sicherzustellen
- Förderung der interprofessionellen Zusammenarbeit durch freiwillige Kooperationsmodelle, um Widerstände in der Ärzteschaft abzubauen
- Aufbau einer langfristigen Datenbasis zur wirtschaftlichen Tragfähigkeit der Apothekenimpfung, um strukturelle Anpassungen im Vergütungssystem evidenzbasiert zu ermöglichen.

Die Ergebnisse dieser Arbeit zeigen, dass Apothekenimpfungen ein hohes Potenzial für das Public Health Management besitzen, aber nur dann langfristig wirksam sein können, wenn wirtschaftliche, regulatorische und berufspolitische Herausforderungen aktiv adressiert werden. Die konsequente Umsetzung der aus den Untersuchungsergebnissen abgeleiteten Maßnahmen könnte dazu beitragen, die Impfquote nachhaltig zu erhöhen, Impfhürden zu senken und langfristige Entlastungseffekte im deutschen Gesundheitssystem zu erzielen.

Schlussfolgerung/Ausblick 8

Die vorliegende Arbeit zeigt, dass Apothekenimpfungen in Deutschland das Potenzial haben, einen wesentlichen Beitrag zur Verbesserung der Impfquote und zur Entlastung der hausärztlichen Versorgung zu leisten. Gleichzeitig wurden zentrale Herausforderungen identifiziert, die einer breiten Umsetzung entgegenstehen. Besonders wirtschaftliche Unsicherheiten für Apotheken, regulatorische Einschränkungen sowie berufsständische Widerstände seitens der Ärzteschaft erweisen sich als wesentliche Hürden für eine flächendeckende Implementierung.

Die Untersuchungsergebnisse zeigen, dass die wirtschaftliche Tragfähigkeit von Apothekenimpfungen in Deutschland nicht gesichert ist. Dies legt nahe, dass Apothekenimpfungen nur dann nachhaltig bestehen können, wenn wirtschaftliche Anreize geboten werden. Hierfür sind gezielte Anpassungen der Vergütungsstruktur erforderlich, die sicherstellen, dass Apotheken langfristig eine wirtschaftliche Grundlage für Impfangebote haben. Die berufsständischen Widerstände zwischen Apothekern und Ärzten stellen eine weitere bedeutende Herausforderung dar. Dies verdeutlicht, dass eine bessere interprofessionelle Abstimmung erforderlich ist, um Spannungen abzubauen und eine kooperative Versorgung sicherzustellen. Besonders relevant wäre eine institutionalisierte Zusammenarbeit zwischen Apotheken und Hausärzten, um Doppelstrukturen zu vermeiden und die Patientensteuerung optimal zu gestalten.

Langfristig ist es notwendig, die tatsächlichen Effekte von Apothekenimpfungen auf das Gesundheitssystem in Deutschland durch systematische Evaluationen weiter zu untersuchen. Da es sich im Beobachtungszeitraum überwiegend um ein Modellprojekt handelte, fehlen zurzeit noch belastbare Daten dazu, ob das Modell nachhaltig zur Steigerung der Impfquote beiträgt. Zukünftige Studien sollten insbesondere auf folgende Fragestellungen fokussiert sein:

R. Oehlmann, *Impfungen in Apotheken*,
https://doi.org/10.1007/978-3-658-52229-2_8

- Wie entwickelt sich die tatsächliche Impfquote über einen längeren Zeitraum?
- Welche Effekte haben Apothekenimpfungen auf die Steuerung von Patientenströmen zwischen Apotheken und Arztpraxen?
- Inwiefern beeinflusst das Modell die allgemeine Impfakzeptanz in der Bevölkerung?
- Welche Langzeitwirkungen ergeben sich für das Gesundheitssystem hinsichtlich der Reduktion impfpräventabler Erkrankungen und der damit einhergehenden Kosten?

Sollten zukünftige Studien bestätigen, dass Apothekenimpfungen langfristig zur Erhöhung der Impfquote beitragen und sich positiv auf die allgemeine Impfbereitschaft auswirken, wäre es sinnvoll, das Impfangebot in Deutschland weiterzuentwickeln. Dies könnte zum Beispiel eine Erweiterung auf weitere Impfstoffe beinhalten, sofern epidemiologische Daten dies rechtfertigen.

9 Nachwort

Die Diskussion um Impfungen in Apotheken wird in Deutschland häufig mit dem Verweis auf eine vermeintlich überlegene ärztliche Kompetenz geführt. Insbesondere wird argumentiert, dass nur die Ärzteschaft in der Lage sei, eine adäquate Indikationsstellung sowie eine leitliniengerechte Anamnese und Beratung sicherzustellen.

Die im Rahmen dieser Arbeit gewonnenen Erkenntnisse sowie ergänzende Beobachtungen werfen jedoch die Frage auf, ob diese Annahme in der Versorgungsrealität tatsächlich Bestand hat. In einer informellen Befragung von rund 100 Personen im persönlichen Umfeld des Autors berichtete keine einzige Person von einer strukturierten Anamnese oder umfassenden Beratung im Vorfeld einer Impfung in einer Arztpraxis. Zudem erfolgte die Durchführung der Impfung in sämtlichen berichteten Fällen nicht durch den Arzt selbst, sondern durch medizinisches Fachpersonal.

Auch wenn diese Erhebung keinen wissenschaftlichen Anspruch erhebt oder genügt, legt sie eine bemerkenswerte Diskrepanz zwischen dem formulierten Anspruch ärztlicher Alleinzuständigkeit und der tatsächlich erlebten Versorgung nahe. Demgegenüber wurden die Abläufe in Impfzentren während der COVID-19-Pandemie – die durch klare Vorgaben, standardisierte Prozesse und externe Kontrolle geprägt waren – als deutlich strukturierter und leitliniennäher wahrgenommen. Ein vergleichbares Maß an Verbindlichkeit wird auch den Apotheken abverlangt: Qualifikationsanforderungen, standardisierte Abläufe sowie die Einhaltung von Leitlinien werden hier nicht nur definiert, sondern im Rahmen behördlicher Revisionen turnusgemäß und flächendeckend überprüft und bei Bedarf sanktioniert.

R. Oehlmann, *Impfungen in Apotheken*,
https://doi.org/10.1007/978-3-658-52229-2_9

Vor diesem Hintergrund erscheint es verkürzt, die Frage der Patientensicherheit primär an Berufsgrenzen zu knüpfen. Vielmehr drängt sich die Hypothese auf, dass die Qualität der Leistungserbringung maßgeblich durch den Grad der Standardisierung, Transparenz und externen Überwachung bestimmt wird. In diesem Sinne könnten gerade solche Settings Vorteile bieten, die – wie Apotheken im Rahmen der pharmazeutischen Dienstleistung des Impfens – einer systematischen Qualitätssicherung und Kontrolle unterliegen.

Es wäre Aufgabe zukünftiger Forschung, diese Hypothese empirisch zu prüfen und die tatsächliche Versorgungsqualität in unterschiedlichen Settings vergleichend zu untersuchen. Eine solche Perspektive könnte dazu beitragen, die Debatte von standespolitischen Argumenten zu lösen und stärker an der Frage auszurichten, unter welchen Bedingungen Patientensicherheit tatsächlich gewährleistet wird.

Auch den Krankenkassen kommt in diesem Zusammenhang eine relevante Rolle zu. Über Vergütungsmodelle, Qualitätsanforderungen und Monitoringinstrumente verfügen sie über Möglichkeiten, die Qualität pharmazeutischer Dienstleistungen aktiv mitzugestalten und gezielt Anreize für leitliniengerechtes Verhalten zu setzen.

Entscheidend erscheint somit nicht primär, welche Berufsgruppe Impf- oder möglicherweise andere pharmazeutische Dienstleistungen erbringt, sondern ob die zugrunde liegenden Strukturen deren Qualität verlässlich sichern – also in welchen Settings definierbare Standards verbindlich eingefordert, überprüft und sichergestellt werden. Hier eröffnen sich aufgrund des bereits bestehenden behördlichen Revisionssystems besondere Chancen für die öffentliche Apotheke.

Literatur

Akremi, L. (2019) Stichprobenziehung in der qualitativen Sozialforschung. In: Baur, N./ Blasius, J. (Hrsg.) Handbuch Methoden der empirischen Sozialforschung. 2. vollständig überarbeitete und erweiterte Auflage, Springer, Bonn VS, 2019. ISBN 978-3-53-118939-0.

Apothekerverband Nordrhein e.V. (2022) Geschäftsbericht 2020/2021 (online; zuletzt abgerufen: 22.10.23) https://www.av-nr.de/der-verband/geschaeftsbericht/

BAK (2021) Kommentar zur Leitlinie der Bundesapothekerkammer zur Qualitätssicherung – Durchführung von Grippeschutzimpfungen in öffentlichen Apotheken. Stand: 26.9.2022 (online; zuletzt abgerufen: 22.10.23) https://www.abda.de/fileadmin/user_upload/assets/Praktische_Hilfen/Leitlinien/Grippeschutzimpfungen_Regelversorgung/LL_Grippeschutzimpfung_Regelversorgung_Kommentar.pdf

Bangari DS & Mittal SK (2006) Development of nonhuman adenoviruses as vaccine vectors. Vaccine 24 (2006) 849–862. Published online 2005 Sep 23. https://doi.org/10.1016/j.vaccine.2005.08.101

Baraniuk C (2020) The Search for Immune Responses that Stop COVID-19 – Scientists are examining the role of T cells, which are likely crucial for long-term protection against SARS-CoV-2. The Scientist July 24, 2020, ISSN 0890-3670.

Bartholomäus E & Haserück A (2022) Ärzte sehen Impfen als ureigene Aufgabe an, Ärzteblatt online vom 26.4.2022 (online; zuletzt abgerufen: 22.10.23) https://www.aerzteblatt.de/nachrichten/133638/Aerzte-sehen-Impfen-als-ureigene-Aufgabe-an

Bartsch SM, Taitel MS, DePasse JV, Cox SN, Smith-Ray RL, (2018) Epidemiologic and economic impact of pharmacies as vaccination locations during an influenza epidemic, Vaccine Volume 36, Issue 46, 12 November 2018, Pages 7054–7063, https://doi.org/10.1016/j.vaccine.2018.09.040. Epub 2018 Oct 16.

Bauer C & May U (2021) Apothekenimpfungen in Deutschland – Potentiale und Chancen für die Gesundheitsversorgung durch Vor-Ort-Apotheken Positionspapier im Auftrag des 1. Vorsitzenden, Dr. Stefan Hartmann, des BVDAK – Bundesverband Deutscher Apothekenkooperationen e.V. (online; zuletzt abgerufen: 22.10.23) https://www.bvdak.de/wp-content/uploads/2022/07/pub-positionspapier-apothekenimpfungen-in-deutschland_141021.pdf

R. Oehlmann, *Impfungen in Apotheken*,
https://doi.org/10.1007/978-3-658-52229-2

Bekele F, Samuel D, Tafsese L (2024) Pharmacist as vaccinators: the way forward for pharmacist-administered vaccinations in low-resource settings: Editorial, Annals of Medicine & Surgery (2024) 86:1828–1829

Betsch C, Schmidt P, Neinemeier D, Korn L, Holtmann C, Böhm R (2018) Beyond confidence: Development of a measure assessing the 5C psychological antecedents of vaccination. PLOS one 2018 Dec 7;13(12):e0208601. https://doi.org/10.1371/journal.pone.0208601. eCollection 2018.

Blasius H & Rohrer B (2020) Grippeimpfungen in Apotheken als europäische Erfolgsgeschichte, DAZ.online vom 16.1.2020 (online; zuletzt abgerufen: 22.10.23) https://www.deutsche-apotheker-zeitung.de/news/artikel/2020/01/16/grippeimpfungen-in-apotheken-als-europaeische-erfolgsgeschichte

Bundesamt für Bevölkerungsschutz und Katastrophenhilfe (Hrsg.) (2007) Bekannte Erreger – Pocken. ISBN-3-939347-07-8

Bundesvereinigung Deutscher Apothekerverbände (2022a) Impfungen (online; zuletzt abgerufen: 22.10.23), https://www.abda.de/themen/versorgungsfragen/impfungen/

Bundesvereinigung Deutscher Apothekerverbände (2022b) Apothekerschulungen zur COVID-19-Impfung können starten, Pressemitteilung vom 6.1.2022 (online; zuletzt abgerufen: 22.10.23), https://www.abda.de/aktuelles-und-presse/pressemitteilungen/detail/apothekerschulungen-zur-covid-19-impfung-koennen-starten-1/

Bundesvereinigung Deutscher Apothekerverbände (2022c) Apotheken können ab sofort gegen Grippe impfen, Pressemitteilung vom 2.11.2022 (online; zuletzt abgerufen: 30.10.23) https://www.abda.de/aktuelles-und-presse/pressemitteilungen/detail/apotheken-koennen-ab-sofort-gegen-grippe-impfen/

Burson RC, Buttenheim AM, Armstrong A, Feemster KA (2016) Community pharmacies as sites of adult vaccination: A systematic review, Hum Vaccin Immunother. 2016 Dec;12(12):3146–3159. https://doi.org/10.1080/21645515.2016.1215393. Epub 2016 Aug 15.

Charbonneau N (2021) 11 Dinge, die Sie über Impfungen wissen sollten. UNICEF-Blog vom 23.4.21 (online; zuletzt abgerufen: 22.10.23) https://www.unicef.de/informieren/aktuelles/blog/elf-dinge-ueber-impfungen-zur-weltimpfwoche/75770

Cassier M (2008) Producing, Controlling, and Stabilizing Pasteur's Anthrax Vaccine: Creating a New Industry and a Health Market. Science in Context 21(2):253-78. https://doi.org/10.1017/s0269889708001713.

Chen RT (1999) Vaccine risks: real, perceived and unknown. Vaccine. 1999 Oct 29:17 Suppl 3:S41–6. https://doi.org/10.1016/s0264-410x(99)00292-3.

de Bousingen DD (2014) Großer Streik der französischen Ärzte, Ärztezeitung 30.12.2014 (online; zuletzt abgerufen: 22.10.23) https://www.aerztezeitung.de/Politik/Grosser-Streik-der-franzoesischen-Aerzte-236040.html

Deutsches Arzneiprüfungsinstitut (2023) In der Grippesaison 2022/2023 wurden in öffentlichen Apotheken 62.700 Grippeimpfungen durchgeführt, Pressemeldung vom 1.9.23 (online, zuletzt abgerufen: 30.10.23) https://www.dapi.de/aktuelles/zahl-des-monats/in-der-grippesaison-2022-2023-wurden-in-oeffentlichen-apotheken-62700-grippeimpfungen-durchgefuehrt

Deutscher Bundestag (2018) Verabreichung von Impfungen durch Apotheker, Hebammen und Pflegepersonal Rechtsgrundlagen und Erfahrungen in ausgewählten Ländern, Ausarbeitung der wissenschaftlichen Dienste, Aktenzeichen: WD 9 – 3000 – 083/18.

Dixon B (1998) Das Vaccinia-Virus – ein universeller Schutz? IN: Der Pilz der John F. Kennedy zum Präsidenten machte. Spektrum Akademischer Verlag. ISBN 3-8274-0398-7.

Effertz DA (2021) Rechtliche Rahmenbedingungen und juristische Einordnung IN: Schiffter-Weinle M, Effertz DA, Frohn LP (2021) Grippeimpfung – Arbeitshilfe für die Apotheke, Deutscher Apotheker Verlag, Stuttgart, ISBN 978-3-7692-7616-9.

Eurostat (2021) Infant mortality sharply declined over the past decades (online; zuletzt aufgerufen: 8.1.24) https://ec.europa.eu/eurostat/web/products-eurostat-news/-/ddn-20210604-1

Eurostat (2024) Influenza statistics (online; zuletzt aufgerufen: 12.02.25) https://ec.europa.eu/eurostat/statistics-explained/index.php?title=Influenza_statistics

Fach W (2020) Impfen in der Apotheke – Versuch einer Spaltung, Hessisches Ärzteblatt Ausgabe 10/2020, (online; zuletzt abgerufen: 22.10.23), https://www.laekh.de/heftarchiv/ausgabe/artikel/2020/oktober-2020/impfen-in-der-apotheke-versuch-einer-spaltung

Franzkowiak P (2018) Bundeszentrale für gesundheitliche Aufklärung (BZGA) – Präventionsparadox. (online; zuletzt abgerufen: 22.10.23) https://leitbegriffe.bzga.de/alphabetisches-verzeichnis/praeventionsparadox/

Gerlof H, (2022) Impfduell zwischen Ärzten und Apothekern: Wer kriegt mehr Geld? Ärztezeitung vom 24.10.2022 (online; zuletzt abgerufen: 22.10.23), ISSN 0175-5811.

Grabenstein JD (2009) Toxoid Vaccines. IN: Artstein AW (Hrsg.) Vaccines: A Biography. Springer Nature, Berlin, ISBN 978-1-1-4419-1107-0.

Janeway CA & Travers P (1997) Immunologie. 2. Auflage, Spektrum Akademischer Verlag, Heidelberg, ISBN 3-8274-0149-6.

Knaack N, Kastner M, Iserloh B (2008) Chancen und Grenzen der Bonifizierung von Gesundheitsverhalten in der Gesetzlichen Krankenversicherung, IN: Kirch, W., Badura, B., Pfaff, H. (Hrsg.) Prävention und Versorgungsforschung. Springer, Berlin, Heidelberg. https://doi.org/10.1007/978-3-540-73042-2_8.

Kozica D & Wild F (2022): Wer ist impfberechtigt? Ein internationaler Blick, WIP-Kurzanalyse, No. Mai 2022, WIP – Wissenschaftliches Institut der PKV, Köln

Larson HJ, de Figueiredo A, Xiahong Z, Schulz WS, Verger P, Johnston IG, Cook AR, Jones NS (2016) The State of Vaccine Confidence 2016: Global Insights Through a 67-Country Survey, EBioMedicine. 2016 Oct;12:295–301. Published online 2016 Sep 13. https://doi.org/10.1016/j.ebiom.2016.08.042

Lui MA (2003) DNA vaccines: a review. Journal of Internal Medicine 2003; 253: 402–410. https://doi.org/10.1046/j.1365-2796.2003.01140.x.

Meyer C, Rasch G, Keller- Stanislawski B, Schnitzler N (2002a) Anerkannte Impfschäden in der Bundesrepublik Deutschland 1990–1999. Bundesgesundheitsblatt – Gesundheitsforschung – Gesundheitsschutz 2002. 45:364–370. Springer-Verlag, Berlin, Electronic ISSN: 1437-1588.

Meyer C, Reiter S, Siedler A, Hellenbrand W, Rasch G (2002b) Über die Bedeutung von Schutzimpfungen – Epidemiologie, Durchimpfungsraten, Programme. Bundesgesundheitsbl -Gesundheitsforsch – Gesundheitsschutz 2002. 45:323–331. Springer-Verlag, Berlin, Electronic ISSN: 1437-1588.

Missiou, A., Tatsioni, A., Petrides, M., Giannoulis, C., Alexias, G., Tziallas, D., & Peletidi, A. (2024). Perceptions of Community Pharmacists on their Role in Delivering Pharmacy-led Services within Primary Healthcare: A Quantitative Study. *Pharmakeftiki*, *36*(2), 30–41. https://doi.org/10.60988/p.v36i2.56

Mohler, P., Porst, R. (1996) Pretest und Weiterentwicklung von Fragebogen – Einführung in das Thema. StBA, Spektrum Bundesstatistik, Band 9/1996, ISBN 3-8246-0472-8.

Nandelstädt S (2021) Impfungen sei Dank: 8 Krankheiten, die Sie fast vergessen haben. Unicef-Blog. https://www.unicef.de/informieren/aktuelles/blog/dank-impfen-fast-vergessene-infektionskrankheiten/239398

Nationale Lenkungsgruppe Impfen des bayerischen Landesamtes für Gesundheit und Lebensmittelsicherheit (2023) Zuständige Behörden & Institutionen (online; zuletzt abgerufen: 8.1.24) https://www.nali-impfen.de/impfen-in-deutschland/zustaendige-behoerden-institutionen/

Österreichische Ärztekammer (2022) Volle Ablehnung für Impfen in Apotheken, Pressemeldung vom 23.5.22 (online; zuletzt abgerufen: 22.10.23) https://www.aerztekammer.at/home/-/asset_publisher/topnews/content/pa-ablehnung-von-impfung-in-apotheken/261766

Pardi N, Hogan MJ, Weissman D (2020) Recent advances in mRNA vaccine technology. Current Opinion in Immunology 2020, 65:14–20. https://doi.org/10.1016/j.coi.2020.01.008. Epub 2020 Mar 31.

Paul-Ehrlich-Institut (2022), Datenbank mit Verdachtsfällen von Impfkomplikationen (DB-UAW), (online; zuletzt aufgerufen: 22.10.23) https://www.pei.de/DE/arzneimittelsicherheit/pharmakovigilanz/uaw-datenbank/uaw-datenbank-node.html

Pennisi F, Mastrangelo M, De Ponti E, Cuciniello R, Mandelli A, Vaia F, Signorelli C. The role of pharmacies in the implementation of vaccination cover- age in Italy. Insights from the preliminary data of the Lombardy Region. Ann Ig. 2024 May-Jun;36(3):363–369. https://doi.org/10.7416/ai.2024.2611. Epub 2024 Feb 22. PMID: 38386026.

Porst, R. (2019) Frageformulierung IN: Baur & Blasius (Hrsg.) Handbuch Methoden der empirischen Sozialforschung. 2., vollständig überarbeitete und erweiterte Auflage, Springer, Bonn VS, 2019. ISBN 978-3-53-118939-0.

PSI (Pharmaceutical Society of Ireland, Hrsg.) (2016) Patient Feedback on the Flu Vaccination Service Provided in Pharmacies. (https://www.psi.ie/Libraries/Pharmacy_Practice/Report_on_Patient_Feedback_on_the_Flu_Vaccination_Service_Provided_in_Pharmacies.sflb.ashx (online; zuletzt aufgerufen: 22.10.23)

Reinecke, J. (2019) Grundlagen der standardisierten Befragung. IN: Baur & Blasius (Hrsg.) Handbuch Methoden der empirischen Sozialforschung. 2., vollständig überarbeitete und erweiterte Auflage, Springer, Bonn VS, 2019. ISBN 978-3-53-118939-0.

Rieck T, Steffen A, Schmid-Küpke N, Feig M, Wichmann O, Siedler A (2020) Impfquoten bei Erwachsenen in Deutschland – Aktuelles aus der KV-Impfsurveillance und der Onlinebefragung von Krankenhauspersonal OKaPII. Epid Bull 2020; 47:3–26 | https://doi.org/10.25646/7658.

Robert Koch-Institut (Hrsg.) (2020) Mitteilung der Ständigen Impfkommission beim RKI: Empfehlung und wissenschaftliche Begründung für die Angleichung der beruflich indizierten Masern-Mumps-Röteln (MMR-) und Varizellen-Impfung. Epidemiologisches Bulletin 2020; 2:1–22, ISSN 2569-5266.

Robert Koch-Institut (Hrsg.) (2025) Aktuelle Daten und Informationen zu Infektionskrankheiten und Public Health – Epidemiologisches Bulletin 4/2025 vom 23.1.2025, https://doi.org/10.25646/12971.3.

Robert Koch-Institut (2022) Impfen (online; zuletzt aufgerufen: 22.10.23) https://www.rki.de/DE/Content/Infekt/Impfen/impfen_node.html

Robert Koch-Institut (2023) Sicherheit von Impfungen (online; zuletzt aufgerufen am 22.10.23) https://www.rki.de/DE/Content/Infekt/Impfen/Nebenwirkungen/nebenwirkungen_node.htm

Robert Koch-Institut (2023) Ständige Impfkommission (online; zuletzt aufgerufen: 22.10.23) https://www.rki.de/DE/Content/Kommissionen/STIKO/stiko_node.html

Rohrer B (2019) Bundestag: Grünes Licht für Apothekenimpfungen und Wiederholungsrezepte. Deutsche Apothekerzeitung DAZ-online vom 14.11.2019 (online; zuletzt aufgerufen: 22.10.23) https://www.deutsche-apotheker-zeitung.de/news/artikel/2019/11/14/bundestag-gruenes-licht-fuer-apotheken-impfungen-und-wiederholungsrezepte

Rose G, Strategy of prevention: lessons from cardiovascular disease, Br Med J (Clin Res Ed). 1981 Jun 6; 282 (6279): 1847–1851. https://doi.org/10.1136/bmj.282.6279.1847

SAGE Working Group on Vaccine Hesitancy. Report of the SAGE Working Group on Vaccine Hesitancy, WHO, Genf (online; zuletzt aufgerufen: 22.10.23), https://www.asset-scienceinsociety.eu/sites/default/files/sage_working_group_revised_report_vaccine_hesitancy.pdf

Shah BB (2020) Empowering Pharmacists: Champions in Immunization Advocacy and Overcoming Vaccine Hesitancy. *J Artif Intell Mach Learn & Data Sci 2020*, 1(1), 98–100. https://doi.org/10.51219/JAIMLD/bhavinkumar-shah/44

Sawlani C & Sharma P (2024) *Analytics of the Cost Effectiveness and Real Time Health Risk Assessments for Pharmacy Based Preventive Health Services. SEEJPH 2024 Posted: 30-06-2024*

Scarpitta F, Restivo V, Bono CM, Sannasardo CE, Vella C, Ventura G, Bono S, Palmeri S, Caracci F, Casuccio A, Costantino C. The role of the Community Pharmacist in promoting vaccinations among general population according to the National Vaccination Plan 2017–2019: results from a survey in Sicily, Italy. Ann Ig. 2019 Mar-Apr;31(2 Supple 1):25–35. https://doi.org/10.7416/ai.2019.2274. PMID: 30994161.

Schweizerischer Apothekenverband (2023) Erlaubte Impfungen in der Apotheke nach Kantonen (Stand: 20.9.2023) https://www.ihre-apotheke.ch/data/docs/de/47928/Erlaubte-Impfungen-in-der-Apotheke-nach-Kantonen-Stand-24-10-2022.pdf?v=1.11

Sheets R, Kang HN, Meyer H, Knezevic I and WHO informal consultation on development of guidelines for assuring the quality, safety, and efficacy of DNA vaccine (2020): WHO informal consultation on the guidelines for evaluation of the quality, safety, and efficacy of DNA vaccines. NPJ Vaccines. 2020 Jun 18;5(1):52. https://doi.org/10.1038/s41541-020-0197-2. eCollection 2020.

Statista (2023) Anzahl jährlich registrierter Masernerkrankungen in Deutschland in den Jahren 2001 bis 2022 (online; zuletzt abgerufen: 22.10.23) https://de.statista.com/statistik/daten/studie/2671/umfrage/masernerkrankungen-seit-2001/

Statista (2023) Impfquote für Influenza (Grippe) bei älteren Menschen in den USA in den Jahren von 1999 bis 2021 (online; zuletzt abgerufen: 22.10.23) https://de.statista.com/statistik/daten/studie/77611/umfrage/impfquote-fuer-influenza-grippe-bei-aelteren-menschen-in-den-usa/

STIKO (2025) – Impfkalender für das Jahr 2022 (online; zuletzt abgerufen: 12.02.25) https://www.rki.de/DE/Themen/Infektionskrankheiten/Impfen/Staendige-Impfkommission/Empfehlungen-der-STIKO/Empfehlungen/Impfkalender.pdf

Sudmann, S., Breadburn, NM. (1982) Asking Questions. Jossey-Bass, San Francisco. ISBN: 978-0875895468.

The WHO Regional Office for Europe (2019) Eighth meeting of the european regional verification comission for measles and rubella elimination (RVC). 12–14 June 2019. WHO/EURO:2019-3623-43382-60860

TSO (Hrsg.) (2012) Health and Social Care Act, Med Law Int. 2013 Dec; 13(4): 279–297. https://doi.org/10.1177/0968533214521090

Toma A & Crisan O (2021) Regulations on Green Pharmacy in European countries – A comparative study, FARMACIA, 2021, Vol. 69, 1, https://doi.org/10.31925/farmacia.2021.1.25

Udoh, A, Ernawati, D, Ikhile, I & Yahyouche, A 2024, 'Pharmacists' Willingness to Offer Vaccination Services: A Systematic Review and Meta-Analysis', Pharmacy, vol. 12, no. 4, 98. https://doi.org/10.3390/pharmacy12040098

van Wijhe M, McDonald S, de Melker HE, Postma MJ, Wallinga J (2016) Effect of vaccination programs on mortality burden among children and young adults in the Netherlands during the 20th century: a historical analysis. Lancet Infect Dis. 2016 May;16(5):592-598. https://doi.org/10.1016/S1473-3099(16)00027-X. Epub 2016 Feb 10.

Werthner Q, Faehrmann L, Och K, Bragazzi NL, Hug MJ, Stahmeyer J, Burger B, Bauer C, Selzer D, Schwalbe O, May U, Lehr T (2025) Client satisfaction, safety, and insights from a three-season survey on influenza vaccinations delivered at community pharmacies in Germany, Vaccine, Volume 45, 2025, 126650, ISSN 0264-410X.

Winkelmann J, Muench U, Maier CB. Time trends in the regional distribution of physicians, nurses and midwives in Europe. BMC Health Serv Res. 2020 Oct 12;20(1):937. https://doi.org/10.1186/s12913-020-05760-y. PMID: 33046077; PMCID: PMC7549210.

WHO (2022) Vaccines and immunization (online; zuletzt abgerufen: 22.10.23) https://www.who.int/health-topics/vaccines-and-immunization

Weißler K, Barth I, Keller-Stanislawski B (2009) Sicherheit von Impfstoffen. Bundesgesundheitsblatt – Gesundheitsforschung – Gesundheitsschutz 1172009, 52(11):1053–1064 https://doi.org/10.1007/s00103-009-0961-y.